崩韓論

●目次

はじめに

韓国の政治・社会混乱を、テレビのワイドショー視点で捉《とら》えることは、さぞ面白いことなのだろう。

東京・下町の居酒屋で、耳を澄ましていると、少し前まで「韓流オバサン」だった〝不良老女〟が、したり顔で「あなた、知らないの」から始めて、「邪教に狂ったクネ(朴槿惠《パククネ》)はどれほど悪い女であるか」を解説したりしている。

昔「不良亭主による床屋政談」、今「不良老女による居酒屋放談」……あぁ、これが日本のレベルなのかとも思う。

私から見れば、韓国経済・財閥に関する「大絶賛」記事を振りまいていた「日本経済新聞」も、その記事の受け売りをして回ったエリートサラリーマンも、同じようなレベルだ。

事実を見極めようとする意欲に欠け、「それなりの権威」に全面依拠して、嘘を嘘と思わずに拡散していく。

私には、これと嘘に嘘を重ねて「情報破綻《はたん》」していく韓国の姿がダブって見えてくる。「日本の韓国化」だと思う。

隣国の現実は、冷厳な視角で捉えなければならない。なぜなら、戦争する相手は大部分が隣国なのだから――私はかねて、そう主張してきた。

韓国の政治・社会混乱は、朴槿惠政権になって急に起きたことではない。日本人が俄《にわか》に理解しがたい現実も、長い積み重ねの歴史が底辺にある。それは、実は旧三国時代（馬韓《ばかん》、辰韓《しんかん》、弁韓《べんかん》の鼎立《ていりつ》時代）、あるいはそれ以前から始まる。

そこらの事情は、拙著『日韓がタブーにする半島の歴史』（新潮新書）を、ぜひお読みいただきたいのだが、もっと手っ取り早い方法はないのか。

月刊『Ｈａｎａｄａ』を刊行する飛鳥新社から、月刊『Ｗｉｌｌ』と『Ｈａｎａｄａ』に載った私の寄稿文を整理すると、「テレビのワイドショー視点とはまったく違った多角的な解説書になる」との申し出を受けた。

「なるほど」とも思ったが、既著『悪韓論』（新潮新書）、『呆韓論』（産経新聞出版）と重複する部分が少なくない。

同じ文章が載った本を買って読んでもらうわけにはいかない。しかし、私が書きたいことは変わらない。

そこで重複する部分は、できる限り「新しい数値」に書き改め、「新しい判断」を加えた。基本線が変わったわけではないが、「韓国とは、どんな国なのか。その国民はどんなことを考えているのか」と、根底を疑っている人、「この際、ワイドショーや日経報道のレベルから脱したい」と思っている人に、頭の整理のためにも、ぜひ読んでもらいたいと念願している。

※煩雑さを暖和するため、ウォンの円換算値は省略しました。おおむね百ウォン＝十円と、ご理解ください。

序章　生まれてはならなかった国

韓国は、国の基《もとい》からして、間違えたまま立国したのではないか。今日の政治・社会混乱は、その帰結のようなものとは言えまいか。

韓国は一九四八年、民主主義に対する国民一般の理解がないまま共和制を敷いた。「日本の民主主義も戦後、アメリカから与えられた」と日教組は教えているらしいが、日本には大正デモクラシーからの伝統があった。確固たる法治主義の伝統は、江戸時代には完全に出来上がっていた。

日韓併合時代が終わると、朝鮮半島南部では、政治家とブローカーの区別がないまま「声闘《ソントウ》文化」が蔓延した。声闘文化とは、大衆受けすることを大声で言った者が勝者と認定される習わしだ。街頭での夫婦げんかは、取り巻く人々を味方にすることが大切だ。嘘でもいい。上手く絶叫したほうが勝つ。同質のことだ。

声闘文化が成り立つ背景には、扇動に乗せられやすい民の存在が不可欠だ。

日本の「朝鮮史研究の祖」、今西龍《いまにしりゅう》・京城帝大教授は、五千年前に国を開いたとされる檀君《だんくん》の系図が、何者かにより一夜にして作られ、印刷・流布《るふ》されていく様を見て、「(朝鮮には)我輩には解釈の出来ない事が多い」「学問の影の薄い夕暮れだ」と呆れた。一九二九年の論文だ(国書刊行会「百済史研究」に収録)。

それから八十年ほどして、韓国では米国産牛肉の輸入に反対する大規模なロウソクデモが百日間も続いた。テレビの時事番組でキャスターが「韓国人は遺伝子的に狂牛病にかかりやすい」「狂牛病にかかると、脳に穴が開いて死ぬ。それでも、あなたは米国産牛肉を食べますか」と、まさに「学問の影の薄い」話をしたのがきっかけだった。

狂牛病デモから八年、今度は「朴槿恵—崔順実《チエスンシル》スキャンダル」が明るみに出た。日本のワイドショーファンは、崔順実は巫女《みこ》であり、朴槿恵を操り人形にしていたと信じているようだが、これは李在明《イジヤミヨン》・城南《ソンナム》市長と、秋美愛《チユミエ》「ともに民主党」（以下、民主党とする）代表が、この時とばかり振りまいたデマだ。

いわば呪いの言葉であり、李在明氏こそ「左翼のシャーマン」、秋美愛氏こそ「左翼の巫女」だ。

民は、デモとデモクラシーの区別がつかないまま、「世界が称えるロウソク革命」といった報道に自己陶酔している。

文在寅《ムンジエイン》・前民主党代表は「えせ保守を焼き払え」「（憲法裁判所が弾劾《だんがい》を棄却したら）革命しかない」などと述べ、次期大統領の座をかけて李在明氏と「発言の強硬さ」を競っている。まさに声闘文化の国だ。

韓国人は「公憤」という言葉が大好きだ。

「韓国型公憤」とは、「公憤する側は絶対に正しい」「公憤の対象は絶対に悪い」というセットから成り、燃えだしたら、もう他のこと（たとえば経済の悪化）は見ない。

「公憤する側は絶対に正しい」という信念からすれば、憲法に従い弾劾手続きをしたが、棄却の結論は認めないから、棄却なら「革命」を起こすぞという論法になる。憲法を利用するが、憲法の定めに従うわけではないというのだから、法治主義も民主主義もない。デモとデモクラシーの区別ができていないのだ。

経済も基を間違えたままスタートした。資金といえば「私債《サチエ》」と呼ばれる闇の高利金融が普通だった時代、輸出契約書があれば、コネと賄賂《わいろ》を使って低利資金（政策金融）を手に入れられた。その資金を国内で転がせば、濡れ手で粟《あわ》の巨利を得られた。ダンピング輸出の結果が赤字でもかまわない。次の低利資金を早く手に入れることが重要だった。

低利資金を、コネと賄賂で手に入れた虚業家こそ、韓国の初期財閥の創業者たちだ。

借金先行、正業より裏での儲け、そして何事もコネと賄賂で解決する――いまや世界的な規模に育った大手財閥も、こうした体質をそのまま引きずっている。

叩いたら埃《ほこり》しか出ないような体質だから、権力をバックにする崔順実様に逆らうと税務査察を受ける……と思ったら、資金を提供する。

コネと賄賂、さらにケンチャナヨ文化（不正の容認、マニュアルの無視）に、パリパリ習慣（何事も急げの社会的気運）が重なって、違法改造のうえに過積載したセウォル号は二〇一四年四月、全速力のままで急回転を試みて転覆・沈没した。

転覆するや、船長が乗客を見捨てて真っ先に逃げ出し、朝鮮半島の「責任者の先逃《せんとう》」の伝統を見せつけた。海洋警察（日本の海上保安庁に該当）が誇っていた装備は〝外華内貧〟で転覆から沈没までを見守るだけだった。

遺族はたちまち「遺族様のお通りだ」といった感じの被害者モンスターになった。「実は米国の原潜と衝突して沈没したのだ」といった陰謀論が相変わらず語られている。

ローマ法王はセウォル号沈没事件の直後に韓国を訪問するのに際して、「韓国民がこの事件をきっかけに倫理的・霊的に生まれ変わることを望む」と語った。法王のありがたいメッセージも、韓国ではまったく効き目がなかった。

沈没事件の政治的処理をめぐる過程で、大統領の「空白の七時間」が問題になり、それが秘線（密会する相手）実力者の存在を浮かび上がらせた。これが「朴槿恵の周辺」に監視の目が向けられるきっかけになった。

秘線とされた男性は、その時間帯に別の場所にいたことが確認されたが、その男性の元妻こそ崔順実氏だ。彼女は、いわば「姫の館の通いお局様《つぼね》」であること、家族と絶縁している大統領にとっては「一番の側近」にあたるとの立場を、それとなく誇示して、財閥から集金し、文化体育観光省の利権を漁《あさ》った。

彼女は、名門女子大の学則を捻《ね》じ曲げて、娘を不正入学させた。周辺の学生から非難された娘は「親も金も実力のうち」とSNSに書いた。

親と金、つまりコネと賄賂だ。何事も不正な原理で回っている社会で、不正な原理のゆえの勝者が、不正の原理を誇ってはいけない。これで韓国型公憤に火が付いた。

そして不正追及は、いつの間にか左翼の奪権闘争へと変質した。

韓国では、裁判官も検事も、「何事もコネと賄賂」の世界で育ったエリートだ。彼らは保身と昇進のためになら、瞬時にして「権力の番犬」から「韓国型公憤の走狗《そうく》」に変わって恥じることを知らない。

この先、韓国に民主党の左翼政権が誕生したら……。民主党は従北派が握っている。彼らが「ロウソク革命の政策」として一六年十二月二十日に発表したのは、①朴槿恵政権の外交政策の逆転②不正蓄財財産の国庫への還収③国定歴史教科書政策の廃棄――だ。

このうち①は、日韓慰安婦合意、日韓秘密軍事情報保護協定、米国とのTHAAD（高高度ミサイル防御網）配置合意を無効とするという意味だ。米韓軍事同盟の事実上の瓦解《がかい》だ。日本の安全にモロに響く問題であり、「慰安婦像の撤去は……」などといった暢気《のんき》な話とは次元が違う。

日本政府は、ソウルの日本大使館前の慰安婦像撤去要求に対して、韓国政府が「努力」も見せないばかりか、釜山の日本総領事館前にまで慰安婦像が立てられたことを問題視して、一七年一月、大使と総領事を一時帰国させた。

これは「目に見える外交」だから注目されるのは当然だが、日本が関心を持つべき最大の韓国問題は、韓国に左翼政権が誕生し、米韓軍事同盟が瓦解することだ。古い言葉でいえば「釜山に赤旗が立つ」事態を想定して準備することだ。

「韓国の左翼も、実際に政権を取ったら、そんなことはできまい」という見方があるが、それは大甘だ。

米トランプ政権が、THAADの違約に怒り、在韓米軍撤退を切り出したら、左翼政権は「はい、どうぞ」と答えるのではないだろうか。彼らは彼らなりに盧武鉉政権の失敗を学習材料にしていようから。

②は、遡及《そきゅう》立法だ。朴槿惠氏と崔順実氏の財産が狙いとしているが、財閥接収に道を開くとも言える。現に野党議員は、国会での聴聞会《ちょうもんかい》で、サムスンの副会長に「経営権をよこせ」と述べている。

「そんなことをしたら、韓国経済は滅茶苦茶になる。実際に政権を取ったら、そんなことはできまい」と見る日本人は少なくないが、これも大甘だ。

なぜなら、従北派にとって、韓国経済の破綻は「北との同質化」であり、「北との統一への近道」だ。自由主義社会の常識は、従北派に通じない。

自由主義陣営から見た朴槿惠大統領の罪は、その異様なパーソナリティに基づく統治手法で、国内の保守（反北）勢力を半身不随の状態に陥《おとしい》れたこと。そして崔順実氏の跋扈《ばっこ》を許すことで、従北・親中派につけ込む隙を与え、結果として彼らに国政を譲り渡そうとしていることにある。

第1章 「朴・崔ゲート」で見えたもの

「昭和維新」と朴正煕

権門《けんもん》上《かみ》に傲《おご》れども
国を憂うる誠なし
財閥富を誇れども
社稷《しゃしょく》を思う心なし

若者は知らないだろうが、これは「昭和維新の歌」の二番の歌詞だ。

韓国で軍事クーデターを成功させた朴正煕《パクチョンヒ》は、李承晩《イスンマン》のあとを受けた尹潽善《ユンボソン》大統領・張勉《チャンミョン》首相の下の韓国に、上記の歌詞のような怒りを抱いていたのだと思う。朴正煕が後年、愛用した語句「維新」は、「明治維新」ではなく「昭和維新」の意味のほうだったと推察する。

大正末期から昭和初期にかけて、日本には、その方向性が正しかったかどうかはさておき、疲弊した農村と、富を増す汚れた財閥に二極化した国を立て直すために命を投げ出して闘おうという若い軍人がたくさんいた。五・一五事件、そして二・二六事件への流れだ。

韓流を騙《かた》った「対日工作サイト」を見ていると、「今日の韓国は日本よりも豊かだ」「韓国人は高学歴で愛国心が強い」と思えてくる。そう信じている日本人は依然として少なくないようだ。

しかし、韓国政府の公式統計によれば、二〇一四年の場合、賃金労働者の半数は月収二十万円に至らなかった。それなのに、財閥系大企業に就職した大卒男子は初任給からして三十万円を超える。財閥系大企業に採用される重要なファクターは、「親の財力・社会的地位」だ。公務員も、正規試験とは別に特別採用枠がある。

金持ちの子息は公務員上級職か、大財閥に正社員として入る。貧しい家の子女は、非正規職であっても就職できれば御《おん》の字。世襲的身分制度が事実上あると言われるわけだ。「大統領のご親友」の娘はSNSに「親も金も実力のうちだ」と、韓国社会の実態を正直に書いた。それで凄《すさ》まじいバッシングに遭った。

そういえば、セウォル号沈没事件の直後、現代《ヒョンデ》重工業グループの鄭夢準《チョンモンジュン》オーナーの息子は荒れ狂う遺族を見て、フェイスブックに「韓国は未開だ」と書いて猛烈バッシングを受けた。韓国語の「未開」とは、「民度が低く、文明が発達していない状態」(韓国ネーバー辞典)をいう。

言論の自由がない国では、正直にものを語ってはいけないのだ。

軍部は汚職の巣窟

大手財閥の総帥一族は、捕捉《ほそく》可能なだけで何十億円かの年収がある。そして、脱税や背任の罪を犯しては恩赦《おんしゃ》を受けている。

高級公務員は、月給の何倍もの実収入があるのは当たり前だ。裁量自在な許認可権限を握っているのだから。

今日の韓国の状況は、まさに「権門上に傲れども」「財閥富を誇れども」「国を憂うる誠なし」だ。

クーデターで実権を掌握した朴正煕は日本からの資金を確保し、米国からベトナム派兵の見返り資金を取り、海外建設労役による中東のオイルマネーを得て、俗にいう「漢江《ハンガン》の奇跡」を成し遂げた。

初春になると、農村で餓死者が出るような極貧はなくなった（欠食児童はいまでもいるが）。

しかし、腐敗の渦は拡大した。その渦が次から次へと新たな腐敗を現出させる。

朴正煕のクーデターは、汚職に染まった軍上層部も粛正の対象にした。しかし、韓国軍部の汚職体質はすぐに息を吹き返し、いまや中国と同様、腐敗の巣窟《そうくつ》の色をますます濃くしている。

ソウル防衛用の対空砲の砲身が、偽造検査証を黙認した（もちろん、軍人が賄賂《わいろ》を取ったのだろう）ことによる欠陥品だったことなど、この国の軍需汚職は大胆極まる。

都市部に設置された対空砲は、戦争にならなければ発射されることはない。撃ったら砲弾は街に落ちてくるから、実射演習はない。だから、欠陥のある砲身が取り付けられていても分からない。

なんと目の付け所がいい汚職なのか。北朝鮮と対峙《たいじ》を続ける国では、愛国心の「あ」の字もない汚職が次から次へ明るみに出てくる。

腐敗しきった軍部に、もはや「国を憂うる誠」を持って立ち上がる勢力が存在することなど考えられない。

李舜臣《イスンシン》の『乱中日記』（東洋文庫）を読めば、彼は豊臣軍が迫るなかで、何人もの副将クラスを「兵糧《ひょうろう》の横領」の罪科で処刑している。処刑された副将たちにとっては、差し迫った「お国の危機への対処」（兵糧の備蓄）など何のその、「個人の利益」（兵糧の横領）のほうが大切だったのだ。

この前、処刑したかと思うと、また処刑。横領の手口がほとんど同じとあっては、水軍の一艦隊の副将にまでなった両班《ヤンバン》（貴族階層）の「学習能力」のなさにも呆れてしまう。その点、今日の両班（財閥のオーナー一族や幹部社員、高級公務員ら）も似ているが……。

滅公奉私が当たり前

私はかねて、韓国人のこうした欲ボケ行動の背後にある価値観を〈滅公奉私〉と呼んできた。

日本人は「滅私奉公《めっしほうこう》」を〝よし〟とする価値体系のなかで生まれ育ってきた。日本人はいつしか、「公」の概念を拡大させた。江戸時代の商人の「お店《たな》のため」を優先させる行動基準は、実は「私」の存在である店を「公」の領域に入れたとも言えるし、「公」の領域を拡大させたとも言えよう。

この行動基準は、（最近は死語になったが）「企業戦士」や「会社人間」に見事に引き継がれている。

すぐに「最近の日本の若者は……」と冷笑を浴びそうだが、私が見るところ、「会社の仕事よりプライベートの生活を優先する」と宣言しているような若者でも、いざとなれば滅私奉公になり、「自分の職務」を果たそうとする。「自分の職務」という抽象概念もまた、日本では「公」の領域に入っていると思う。

翻《ひるがえ》って韓国を見ると、日本では当たり前の滅私奉公の意識がとても薄い。彼らにとって、自分が勤めている企業とは、あくまでも「私」だ。実際のところ、韓国の企業とはオーナー（韓国ではオーナー経営でない企業は稀《まれ》な存在だ）一族の思いのまま動く金儲けのための私的装置であり、企業に尽くすより、オーナー一族にゴマを摺《す》ることが出世に繋がる。

自分が勤める企業を「公」と見立てて滅私奉公に励む国とは、職場の雰囲気が全然違ってくる。

進む経済不安

しかし企業のなかで出世したところで、オーナー一族の気分次第で、いつ馘首《かくしゅ》されるか分かったものではない。

ソウル市のアンケート調査によると、十九歳以上の就業者のうち六一・四%が「いまの職を失うか、または変えなければならないという不安を感じる」と答えている(聯合ニュース12年3月18日)。この調査が実施されたのは一〇〜一一年。李明博《イミョンバク》政権の為替《かわせ》操作によるウォン安で、絶好調景気の時代だった。

そのあとを受けた朴槿惠政権は、米国の強い警告を受け、もはや大胆な為替操作をできなくなった。韓国は輸出依存率がとても高い国であり、ウォンレートの正常化はたちまち景気の悪化に結びついた。

そして中国だ。韓国にとって、対中貿易は濡れ手で粟《あわ》の商売だった。ところが、中国は次々に輸入品の国産化に成功した。そして、造船、スマホ関連、自動車などの分野で韓国に追いついてきた。一時は、対中貿易黒字額が韓国全体の貿易黒字額を上回っていたのに、一三年以降はそれが見る間に縮んできた。

さらに鉄鋼製品が米国、EU、最近ではタイなど、あちこちでダンピング判定され、懲罰課税を受けている。そこへサムスンの新型スマホが火を噴き、「大統領のご親友」の利権疑惑が大政争に結びついた。

一六年十月の製造業稼働率は七〇・三%で、アジア通貨危機以来の水準まで落ちた。

企業情報専門会社の集計では、一六年一～九月までに、十大財閥の雇用者数は一万四千人超減少した。ほぼ一％の減員だ（朝鮮日報16年11月17日）。九月末――サムスン電子のスマホ発火事故による影響は、まだ反映されていない数字だ。

市場調査専門会社が一六年になって実施した調査によると、十九～五十九歳の回答者のうち七六・七％が「日常的に不安を感じている」、六四・三％が「雇用と就職に対する不安を感じている」と回答している（世界日報16年7月10日）。

一六年十月末から韓国各地で始まった土曜日午後の「朴槿恵退陣」を要求する大規模なロウソクデモの背後に、こうした不安が作用していることも明らかだろう。

「悪いことはすべて、朴槿恵と崔順実《チエスンシル》のせい」だから、朴槿恵政権さえ瓦解《がかい》すれば安心できる世の中になる……まさか。

「未開」の政争は続く

「朴槿恵退陣」要求は、「ご親友」のタブレットパソコンに、公表前の大統領演説文や政策資料が残っていたことで一気に拡大した。

これに対して大統領は謝罪し（一六年十月二十五日）、野党の「大統領は新しい首相に全権を任せ、国政の第一線から退け」との要求を受け入れる形で、次期首相候補として、盧《ノ》武鉉《ムヒョン》左翼政権で副首相を務めた大学教授を指名した（十一月二日）。

ところが野党は、「非難を一身に受けている大統領による指名は認められない」と拒否した。憲法で首相の任命権は大統領にあると定められているのに、誰が指名するのか。

大統領は国会議長を訪ね、「国会が推薦する人物を首相に任命する」と提案した（十一月八日）。

すごい譲歩のようだが、実は「国会が一致して推薦できるような人物はいない」との読みがある。

韓国は国会からして特異だ。一票でも多いほうに決めるという多数決原理が機能していないのだから。議員の六割が賛成しない議案は本会議に上程しないとの条項が国会法にある。この条項を「国会先進化法」と呼んでいるのだから、もう吹き出してしまう。

十二月末に、与党内の反朴槿恵派が離党するまで、与党の議席数は四割を超えていた。野党第一党もほぼ同じだ。だから、与党が提案しようが、野党が合同して提案しようが、にっちもさっちもいかない。

それが分かっているから、議長はこの提案も即日拒否した。ならば、「大統領は新しい首相に全権を任せ、国会の第一線から退け」とした当初の野党要求はいったい何だったのか。「未開の政界」だ。

世論に押される形で、与党の反主流派が「弾劾《だんがい》やむなし」に傾くと、大統領はまた提案した。「任期短縮問題を含めた進退問題を国会の決定に任せる」と(十一月二十九日)。

この提案にも、「国会が決定できるわけがない」との読みがある。

大統領任期は憲法で五年と規定されている。それを短縮するとなると、憲法違反の特別立法でもつくるのか。実際に、そんな意見が出た。

急いで憲法を改正しようとの意見もあった。ところが現行憲法には、大統領任期に関する改正は、その時の大統領には適用しないとの規定がある。言い出した議員は、きっと憲法を読んだことがないのだろう。

大統領は自らの潔白を主張しつつ、しおらしく「任期短縮問題を含め……」と述べたが、とてつもない〝クセ球〟を国会に投げ込んだのだ。

大統領が粘るのは、時間稼ぎと見られる。デモが暴力化して世論の方向が変わることも考えられる。騒然とした状況が続くなかでの早期大統領選挙は「左翼政権誕生」に直結する。しかし、時間をかければ「少しはマシな候補」(おそらくは潘基文《パンギムン》・前国連事務総長)が準備を整え、勝利する可能性も出てくる。

野党は「弾劾しかない」と、ようやく態勢を整えた。弾劾訴追には国会議席の三分の二の賛成が必要だが、与党から大量の造反票が出て、賛成票二百三十四、反対票五十六で十二月九日、可決された。

国会で弾劾訴追が議決されると、大統領は職務を停止し、首相が大統領権限代行者になる。そして憲法裁判所での審理が始まる。弾劾成立には九人の裁判官のうち六人の賛成が必要になる。

これが憲法の定めるところだが、野党陣営は早速、「現在の首相は、弾劾が決まった大統領に任命された人物だから権限代行者として認められない」と言い始めた。

まだ国会で訴追案が議決されただけで弾劾と決まったわけではない。憲法裁判所の決定が出るまでは首相が……なのに、やはり憲法を読んでいないのだ。本当に「未開な議員たち」だ。

大統領権限代行に対する国会の質疑では「あなたはロウソクの炎で焼け死にたいのか」という発言まで飛び出した。昔から「悪罵《あくば》の大国」と言われているが、これは酷すぎる発言だ。

野党第一党である民主党の実権を握る文在寅《ムンジェイン》氏は、憲法裁判所が棄却した場合には「革命しかない」と述べている。憲法の規定に沿って訴追手続きをしたが、憲法が規定する憲法裁判所の決定が自分たちの意見と違う内容になったら、それには従わないと言うのだ。それだけではなく「革命」を起こすとアジっているのだ。

土曜日午後のロウソクデモは憲法裁判所の前にも押し掛け、「棄却は許さない」と叫んでいる。デモの力で、憲法裁判所の判断を決定づけようとしている。

そうしたデモを韓国のマスコミは「世界が称賛するロウソクデモ」などと自画自賛しているのだから、もう国を挙げてデモンストレーションとデモクラシーの区別ができていないといえる。「未開の国」だ。

大統領陣営にも野党サイドにも、「恥」の意識がない。国難に際しても滅私奉公の行動は出てこない。政局が煮詰まるほどに、「国がどうなろうと、自分たちが権力（イコール利権でもある）を握るためには」という〈滅公奉私〉が際立つのだ。並行する経済危機への対応など、彼らの頭にはないのだろう。

世に踊る盲たる民

こうしたなか、カトリック系のサイトに、左翼の神父が組織する「正義具現司祭団」が主催した時局ミサの紹介文が載った。そこで小学校五年生が読み上げた作文が、その紹介文の目玉だ。

小学生は、こう読み上げたとある。

「私がこの場に立った理由は、朴槿恵と崔順実など何の考えもない人間たちのために国が滅びていく様子を見たくないからです」

「一つのロウソクの光は弱いが、たくさんのロウソクの光が集まれば大統領府も燃やす大火事になります。私たちはみんな一緒に大統領府も燃やす大火事にして、朴槿恵を刑務所に追い込みましょう」

韓国民に「倫理的・霊的に生まれ変わる必要がある」としたローマ法王の言葉を思い出す。

「昭和維新の歌」の三番を紹介しよう。

ああ人栄え、国亡ぶ
盲《めしい》たる民、世に踊る
治乱興亡夢に似て
世は一局の碁なりけり

朴正熙は軍事クーデターに成功した。近代的工業化にも成功した。しかし、韓国人のメンタリティを変える「維新」には完全に失敗したのだ。

第2章

朴槿惠は李王朝型の新悪

近代以前に逆戻りの韓国社会

あり得ぬ妄想が現実化してしまう国

「森永製菓の株は必ず騰《あ》がる」。第一次安倍内閣が発足した時、ちょっと才覚のある韓国人なら、必ずやそう考えただろう。日本支社の銀行口座から余裕金を寸借《すんしゃく》して、森永株を買った韓国人ビジネスマンもいたことだろう。

ある部署のトップにいる人物なら、会社や団体の余裕金の寸借は役得であり、悪いこととも思わずにする。「ちゃんと返すのだから」と。日本人とは善悪判断の基準が違う。

彼らはなぜ、森永製菓の株が騰がると考えたのか。

韓国人の発想なら、こういうことになる。

――お菓子のユーザー層は、やはり子供たちだ。日本の教育委員会にも、少しは頭のいい人間がいるだろう。

彼らは「糖分は頭の回転を良くするから」といった理由をつけて、児童・生徒に毎朝、森永のキャラメルを二粒ずつ支給し始めるだろう。すると、その教育委が申請する国庫補助事業はすべて認められる。国から特別補助金まで出る。近隣の教育委もそれに倣《なら》い、あっという間に日本中の小中学校に「毎朝、森永キャラメル二粒」が普及する。

子供の口を介した宣伝効果は大きい。森永の他の商品までどんどん売れ始める。森永はたちまち生産が追い付かなくなる。しかし、すぐに銀行が競うように低利融資をする。最初に低利融資を提供した銀行の支店長は、ほどなく取締役に抜擢《ばってき》される。

森永は有り余る資金で不動産を買い漁《あさ》り、欧米の大手製菓を買収する。

こうして森永は、日本の製菓業界で断トツになる。やがて森永の音頭取りで、製菓各社が出捐《しゅつえん》する「日本製洋風菓子の海外普及」を目的とする財団法人が発足する。出資を渋った菓子メーカーは、食品衛生法に基づく立ち入り調査をなぜか頻繁に受ける。

何年かして、政界を引退した安倍晋三氏は、くだんの財団の理事長に就任し、潤沢《じゅんたく》な資金を自在に引き出し、贅沢三昧《ぜいたくざんまい》の余生を送る――。

日本人からすると「あり得ない妄想」だが、韓国人からすれば「大いに考えられる展開」だ。

彼らの発想の根拠は、安倍首相の夫人の父親は、森永製菓のオーナー家の娘と結婚し、自らも五代目の社長を務めたという事実だけだ。

しかし韓国なら、最高権力者と〝その程度〟でも関係がある企業なら別格扱いだ。税務当局や監督官庁、取引銀行に「当然のこと」として特別待遇を要求する。あるいは、公務員や銀行員のほうが先に「関係」を察知して、特別待遇を申し出る。

民間企業の人事にも介入

そしてそれに伴い、様々なことが起こる。「韓国の大統領様のご親友」である崔順実《チエスンシル》氏を例にすれば、こんなことも報じられている。

――大韓航空のドイツ支店長は、空港に降り立った彼女を閣僚並みの待遇で迎えた。ほどなく青瓦台《チヨンワデ》（韓国大統領府）の首席秘書官の一人から、大韓航空に「ドイツの支店長を昇進させなさい」と電話があった。大韓航空は抵抗したが「上の意思だ」と言われて、済州島《チエジユド》支店長に昇進させた（ハンギョレ新聞・韓国語サイト、16年10月23日）。

青瓦台の首席秘書官が言う「上」とは「大統領」すなわち、五年間の期限付きだが全権を握る皇帝のことだ。韓国の大統領府は、民間企業の人事にも介入してくるのだ。「ダメです」と断ったら、税務署が特別査察に入るだろう。

大韓航空の会長様には、韓進《ハンジン》海運の株売却をめぐるインサイダー疑惑がある。ほじくれば次から次へと問題が出てくる。だから抵抗できない――。

逆の例もある。

「大統領様のご親友」の娘は、仁川《インチヨン》アジア大会の馬術団体の代表を決める大会で準優勝に留まり、代表になれなかった。すると、大会を主催した馬事協会の体制がおかしいとのクレームが出た。文化体育観光省の担当局長と課長が調査に入ったが、大会の結果は変わらなかった。

すると大統領は文化体育観光相を呼びつけ、手帳を見ながら「○局長と○課長は悪い人だそうですね」と言った。当時の文化体育観光相は韓国の閣僚のなかでは珍しく骨のある人物だったが、国家元首にそこまで言われては二人を守り切れなかった（この文化体育観光相が去ったあと、文化体育観光省は「ご親友」の利権の場と化す）。

馬事協会も首脳部が入れ替わり、準優勝だった娘が国家代表になった。

名門・梨花《イファ》女子大学はいつの間にか、どういう手続きを経たのか、体育特別入学者の枠に「馬術部門」を新設していた。国家代表なら入学できるという規定だ。

馬術団体の国家代表決定の日は、大学への特別入学申請期限日を四日間過ぎていたのだが、大学の総長は入学を認めた。

何しろ遡及《そきゅう》立法がある国だ（韓国憲法には、いちおう「遡及立法禁止」の規定があるが、親日派の子孫から遡《さかのぼ》って相続財産を没収する法律は、憲法裁判所で「合憲」とされた）。四日間の遅れなど……ということなのだろう。

親の財力次第ですべてが決まる

しかし学生の間では、総長と、この娘に対する非難が渦巻いた。

すると、この娘はSNSに「親も金も実力のうちだ」と書き込んだ。これで、この娘はネット上で袋叩きに遭うが、兵役義務の免除も、財閥系大手への就職も、親の財力次第で決まる国だ。その実情を、とても率直に書いたといえるではないか。

梨花女子大学の総長は逃げるように辞任したが、うまく運んでいたなら教育相ぐらいにはなっていただろう（韓国の閣僚は、大学教授からの起用がきわめて多い）。

韓国の場合なら、大統領と〝関係〟がある企業が、冒頭に記した森永製菓のように、特別待遇によって躍進したとしても、森永の側がよほど阿漕《あこぎ》な要求を繰り返していなければ、まず問題になることはない。「アァ、あの会社は大統領と〝関係〟があるから……」と、誰もが納得して終わりだ。

逆に、〝関係〟のない企業や財閥がある大統領の時代に大躍進すると「おかしい」と疑われ、次の政権では検察が出てくる。李明博《イミョンバク》政権の下で大いに太った韓国ロッテ財閥が、その良い例だ。ほじくれば、創業者から韓国人の第二夫人への株式贈与にかかわる脱税など、いろいろ出てきた。

韓国の財閥は、どこもかしこも汚れている。政権には、税務署、公正取引委員会、金融監督委員会、さらには検察という武器がある。「上の意向」と青瓦台の秘書官が言ったら、もう財閥は逆らえない。

首席秘書官（次官級）ならともかく、「青瓦台の職員」を騙《かた》った詐欺だけで、年間何件摘発されることか。それだけ皇帝型大統領制国家の大統領府は強いのだ。

「韓国型序列文化」

人間は、自分の体験を通じて事態の先行きを予測し、自分なら「こう考える」を、しばしば他人も「そう考えるはずだ」と思い込む。心理学でいう「投影」だ。

韓国の教育は、「韓民族は世界一優秀だ」とする刷り込みから始まる。それで韓国人はどこの国に行っても、「世界一優秀な民族である自分ならこう考える」ことが、その国でも起こると錯覚しやすい。

だから「安倍内閣成立＝森永製菓の株を買え」になる。「自分たちなら、騙して連れてきた売春婦をこう扱う」、だから「日本人もこんなふうに扱ったはずだ」として出てきたのが、「従軍慰安婦は性奴隷だった」というお話だ（この話の火付け役は日本人だが）。

韓国の新聞を見ていると、何らかのランキングが載らない週はない。「ＯＥＣＤが集計した加盟国の福祉予算比率ランク」「○○が発表した世界各国の経済競争力ランク」「○○がまとめた世界の大学ランク」……その都度、韓国紙は激しく喜怒哀楽を表明する。

大学ランクなど、何を基準にするかで全く変わる。欧米系研究機関がまとめる大学ランクは、概して日本の大学が低い位置にいる。「国際化」（外国人教授や留学生の比率など）の評価に大きな比重を置いているからだ。「ノーベル賞の受賞者数」を大きな基準にしたら、ランクは大きく変わってくる。

所詮その程度のランクなのだが、韓国の大学はランクを上げるために外国人教授を雇う。

英語で難しい講義をされては学生が理解できないから、しばしば米国籍を持つ韓国人研究者を業績も定かでないまま教授として雇うのだ。

そこまでしてランクを上げたいのか、と日本人は不思議になるが、韓国人は何としてでも「上げたい」のだ。

このランクへの拘《こだわ》りこそ「韓国型序列文化」の表れであり、大統領の権威を背景とした汚職の底流をなす。

およそ韓国人の組織体は、ランクの上位者が命令しなければ回転していかない。上位者の命令でなければ、新しい試みもできない。組織体の構成者全員にランクが必要な社会文化が、いつの時代からか強固に成り立っているのだ。だからランクは細分化される。

魔女狩りの対象

韓国軍は日本帝国の軍制を引き継いだが、日本にはなかった准将を創設した。日本軍の下士官は、准尉・曹長・軍曹・伍長の四階級だったが、韓国軍は准尉・元士・上士・中士・下士の五階級でスタートした。一四年には、准尉と元士の間に「賢士」という階級を新設した。同じ階級のなかでは、経歴年月数、年齢などを勘案して、自《おの》ずと順位が決まっていく。

韓国人が初めて会った外国人に年齢、職業・職位をしつこく尋ねるのは、自分よりランクが上か下かを見極めるためだ。それが定かにならないと、彼らは安心できない。韓国人同士なら、もっとしつこく掘り下げる。まさに序列愛好文化であり、そこには「対等な同僚」「対等な友人」はあり得ない。組織のなかでは、直属の上司だけが忠誠の対象になる。

さらに「韓国の儒教」は、親族の結合を何よりも大切な価値として教える（実際には、親が亡くなればすぐに兄弟喧嘩が始まることが少なくないのだが）。何よりも――そう、公よりも私だ。ナッツ姫事件は、分かりやすい事例だ。「航空機内の責任者はパイロット」という公的規則よりも、「会長様の娘の言うこと」という私的要求のほうが勝った。

韓国人の常識的な認識では、「絶対に偉い会長様」の一族は、職責が何であれ、いや会社に所属していなくたって「絶対に偉いお方《かた》」なのだ。

大韓航空は労使紛争の最中だった。そして、ナッツ姫の凄《すさ》まじい火病《ファビョン》の模様が、別の乗客の携帯電話によって動画に収められ、航空機が韓国に着く前に韓国で動画が流れていたという事情があり、ナッツ姫は魔女狩りの対象にされた。

しかし、密室では同じようなパワハラが常に起きている。ニコニコ顔を作って不当な命令に従うか、馘首《かくしゅ》されるかだ。

こういう社会文化構造のなかで、最上位にいるのが大統領だ。

崔・鄭・朴くんずほぐれつ

「大統領様のご親友」は、朴槿惠大統領の親族ではない。しかし実態は、「親族以上の存在」なのだろう。

これについては、まず崔太敏《チエテミン》（一九一二～九四年）という人物について知っておかなければならない。「韓国のラスプーチン」という異名を取る自称「牧師」だ。彼は六回結婚した。五人目の妻との間にもうけたのが、崔順実氏だ。

かねて韓国社会では、「朴槿惠氏には隠し子がいる」と噂されてきた。その時、父親とされるのが崔太敏だ。

一九七四年の文世光《ムンセグワン》事件で朴正熙大統領の夫人（陸英修《ユクヨンス》）が死亡した。その時、失意の朴槿惠氏に言葉巧みに近づいたのが崔太敏だった。一説によると、「陸英修の霊が自分に乗り移っている。陸英修の言葉を伝えたい」と述べたとか。

ともかく崔太敏の言葉に従い、朴槿恵氏は「現職大統領の娘」として、社会奉仕を目的とする財団をつくるために奔走した。「現職大統領の娘」の要請を断る財閥はない。崔太敏は出来上がった財団の総裁になり、朴槿恵氏は名誉総裁になった。その財団から抜き取った資金が、崔太敏ら一族の膨大な財産の基になったというのが、今日の韓国ではほぼ定説化している。

朴正煕大統領は「崔太敏は娘を悪事に利用しているのではないか」と疑い、中央情報部（KCIA）に調査を命じた。しかし、調査結果がまとまらないうちに、朴正煕大統領は金《キム》載圭《ヂエギュ》KCIA部長に射殺された。

朴槿恵氏は文世光事件のあと、「ファーストレディー」としてチヤホヤされていたが、独裁大統領の死去とともに周囲から人々が去っていく。その時に話し相手として近づいてきたのが、崔順実氏というわけだ。

朴正煕大統領の死去から十九年後、朴槿恵氏は国会議員の補欠選挙に打って出る。その間、朴槿恵氏はどこで何をしていたのか。

「どこで何をしていたのか、ほとんど知られていないベールに包まれた人物だ。それでも世間はこれに対する無知を見過ごした」（中央日報16年11月8日）と、韓国の新聞記者がいま頃になって、他人事《ひとごと》のような筆致で反省の弁を述べているのだから、何をか言わんや。

せいぜい明らかなことは、朴槿恵氏の実妹と実弟が全斗煥《チヨンドウファン》、盧泰愚《ノテウ》両大統領にそれぞれ、「姉が崔太敏に騙されている。何とかしてほしい」という趣旨の嘆願書を送っていることだ。もっとも、この実妹、実弟も、ちょっと信用しかねる。実妹は詐欺で何回か告訴されているし、実弟は麻薬で何回か検挙されている。崔太敏と姉が握る財団の資金が、二人の嘆願書の裏にあったのだろう。

補欠選挙に出馬する際、秘書室長として起用されたのが鄭允会《チヨンユネ》氏だ。彼は崔順実氏の夫であり、一四年四月のセウォル号沈没事件当日の「空白の七時間」の〝お相手〟と疑われた人物だ。

鄭允会・崔順実の夫婦は一四年五月に離婚するが、その際、鄭允会氏は財産分与などを求める代わりに「妻に対し、婚姻期間中の出来事について『秘密の維持』を求めた」（朝鮮日報の有料ネットニュース、14年7月18日）という。どんな「秘密」があったのだろうか。

崔太敏の側近だったという牧師がハンギョレ新聞（16年11月6日）とのインタビューで、「（崔太敏は、私と朴槿恵は）霊的な家族、夫婦のようなものであり、肉体に対する浅ましい話はしてくれるな（と述べた）」と語っている。なぜ、「霊的な家族、親子（父娘）」ではなく「夫婦」なのだろう。

ＣＢＳ放送（一六年十月三十日）は、調達庁の公表資料から、大統領が普段いる青瓦台本館（秘書室などは別棟にある）に一三年二月と三月に高級ベッドが一台ずつ納品され、さらに同年七月にも補助ベッドが納品された事実が明らかになったと報じた。「配偶者のいない独身大統領にもかかわらず……」とのコメントを付けて。

ＡＶの見過ぎだろうか。良からぬ場面が次から次へと脳裏に浮かんできてしまう。

保守系紙・東亜日報（16年11月2日社説）が、「大統領は一体、崔氏と父親の崔太敏氏にどんな負い目を持ち、何の弱点を握られたため、このように振り回されたのか」と書いたのも、きっと私と同じような妄想が脳裏に張り付いているからではあるまいか。

「スキャンダルのデパート」

「空白の七時間」問題の発火点は、青瓦台の民情秘書官に行政官として出向していた情報畑出身の警察官がまとめた、「秘線」に関する調査報告書だった。彼は、それを民間に流出させたとして逮捕され、二年ほど刑務所に入った。

彼は逮捕される前に、「この国の序列一位は崔順実、二位は鄭允会で、三位が大統領だ」と語った。どのメディアも当時は「こいつ、何を言っているのか」とばかり無視したが、いまになって元警察官の鋭さが見直されている（朝鮮日報16年10月30日、韓国語サイトにインタビュー記事がある）。

その報告を握り潰したとされる禹柄宇《ウビョンウ》秘書官は、あれよあれよという間に民情首席秘書官に昇進した。

民情秘書官室とは、大統領親族や、大統領に近づいてくる人物の素行を洗うのが任務であり、その首席秘書官は裁判所、検察、警察の人事の総元締でもある。

禹柄宇氏は「スキャンダルのデパート」と揶揄《やゆ》されるほど、様々な金銭疑惑を抱えている。

保守系紙の朝鮮日報が「禹柄宇スキャンダル」を報じると、青瓦台は「腐敗した既得権勢力が左翼と組んで体制を覆そうとしている」として、朝鮮日報の主筆が大宇《デウ》造船海洋の招待を受けて豪華海外旅行に行ったことをリーク。主筆は辞任した。

マスコミが崔順実疑惑、つまり「大統領の側近」であることを武器にして二つの財団への出捐《しゅつえん》金を強要していると報じると、大統領自身が「このような非常事態（筆者注＝北の核実験や、韓国の経済危機を指す）の時に、乱舞する誹謗《ひぼう》と、確認されない暴露性発言は私たちの社会を揺るがして混乱を加重させる結果を招く」と警告を発した。

ところが、ドイツに逃げた崔順実一家が、管理人に処分を頼んで捨てていったタブレットパソコンを韓国のケーブルテレビ局が譲り受けて開いてみると、大統領演説文や政府資料が続々と出てきた。しかも、その受信日時は大統領演説の前であり、政府発表の前だった。

演説文を事前に友達に見てもらってどこが悪い――という話ではない。

崔順実氏は、やはり国政演説文を事前に見るほどの「最側近」ではないか。彼女の集金活動が「大統領の最側近であること」を武器に展開されていることは「根拠」があり、「確認されない暴露性発言」ではない――ということだ。

大統領自ら「集金」した

韓国の歴代大統領を振り返れば、全斗煥氏は自ら「集金」した。夫人の友人（張玲子《チャンヨンジャ》）も大いに「集金」して回った。全斗煥氏も、夫人の友人も監獄に入った。次の盧泰愚氏は潔癖さを守っていたが、任期後半には自ら「集金」した。彼は「会ったこともない親族が次々に利権を求めてきて……」「財閥に金を持ってこいと冗談で言ったら、大金がどんどん集まってしまい……」と供述している。

金泳三《キムヨンサン》大統領の場合は、大学院生だった次男が何の資格もないのに国政に関与し、「皇太子」と呼ばれた。もちろん、「集金」も活発に行い、監獄に行った。

金大中《キムデジュン》政権では、三人の息子が「集金」した。そういえば、崔太敏は金大中夫人とも〝昵懇《じっこん》〟だった。「俺は現役の大統領夫人のほうで忙しいから、芽が出るかどうか分からない朴槿惠のほうは娘に任せた」ということだろうか。

盧武鉉大統領の場合は、主に実兄が活躍した。しかし、盧武鉉氏自身も密かに「集金」していたのだろう。財閥系人物の大使起用人事に裏金が動かなかったとは、この国の日常性を知れば信じがたい。自身も「集金」していたことが明るみに出そうになったからこそ、自殺したのだろう。

李明博政権では、国会議員だった実兄があちこちから集金して、結局は監獄に入った。

絶対権力を握り、その気になればどんな飴でも、どんな鞭でも使える大統領であること、あるいは大統領と血縁関係にあることは、「序列重視」「親族絶対」の社会では汚職のための最強の武器なのだ。

そして旧悪の追放者は、喝采を浴びて登場したかと思う間もなく、旧悪に勝る新悪になる。

朴槿惠氏は、一九七九年に父の死去に伴って青瓦台を出た時から、実妹、実弟と仲が悪かった。そして大統領になると、実妹、実弟と完全に絶縁した。他の親戚も青瓦台に寄せ付けない。

だから、家族ではないが家族以上の存在である崔順実氏が暗躍することができた。

しかし、俗に言う「崔順実ゲート」は、これまでの大統領関連汚職とは性格が違う。

これまでの汚職は、企業側が大統領、あるいはその親族に請託《せいたく》し、彼らは賄賂《わいろ》をもらった見返りに関係当局に圧力をかけて企業の願いを叶える――資金を出す側と貰う側とは、ウィンウィンの関係だった。

が、「崔順実ゲート」は韓国のマスコミが伝えるところ、サムスン、ＳＫなど一部の大手財閥との間ではウィンウィンの関係が成り立ったらしいが、基本的には「金を出せ。出さなければ……」の恫喝型だ。李王朝時代の両班《ヤンバン》が、金のある商人を引っ張ってきては「金を出せ。出さなければ牢獄にぶち込むぞ」とやったのと似ている。李明博政権の腐敗や側近に対する恩赦《おんしゃ》を「旧悪」と批判して登場した朴槿惠政権は、「李王朝型の新悪」になったのだ。

なぜ韓国の権力者は、同じ種類の失敗を繰り返すのか。

私が思うには、彼らの欲望には際限がない。崔順実氏はソウルの一等地に大きなビルを所有している。それだけで資産何百億ウォンとされる。それだけあったらもういいではないかと思うのは、小心者の倭奴《ウイノム》（日本人に対する蔑称）だからだろう。

彼らは博打《ばくち》でいう「有卦《うけ》」（好調な巡り）に入ったら、もうブレーキが利かない。韓国型の学校教育は、個々人を自信家に育てる。誰もが「自分は尻尾《しっぽ》を摑まれない」と過信するのだろう。

野党が「水に落ちた犬はもっと叩いてやれ」とばかり要求を高めていく様も、彼らの欲望には際限がないことの表れだ。

第3章 すべてはセウォル号沈没から始まった

腐敗した国が傾く

「旅客船セウォル号」という名の大型フェリーの沈没事故は「韓国という腐敗しきったシステム」が産み出した〝作品〟だった。同時にそれは、朴槿惠政権が奈落《ならく》の底へ滑り落ちていくステップの始まりだった。いや、それは一政権ではなく韓国そのものが傾き、沈んでいく始まりのように思える。

セウォル号沈没事故は数々の汚職の上に成り立っている。といっても、日常的に違法行為の「見逃し料」を貰っている下級官吏にとっては、まさに「日常のこと」「前任者がしていたのと同じこと」であり、汚職をしていたという意識もないに違いない。それこそが、「ケンチャナヨ」で違法が黙認され、マニュアルが無視されていく「腐敗しきったシステム」そのものなのだ。

そこら辺の事情については『ディス・イズ・コリア　韓国船沈没考』（産経新聞出版）に詳しく書いた。

ここでは、沈没事故にまつわり流布《るふ》された様々な嘘、被害者の遺族たちが特権グループになっていく模様、朴槿惠政権に与えた決定的影響について観察することにする。

嘘がまかり通る構図

二〇一六年十二月二十五日、韓国のケーブルテレビJTBCは「セウォル号は潜水艦と衝突して沈没した」とするドキュメンタリー調の番組を放映した。

メインの登場人物は「ネットユーザー捜査隊のチャロ」と名乗る。

その主張は「セウォル号は一～二年の間、過積載を繰り返していた」（だから、この時の過積載ぐらいで事故を起こすはずがないということらしい）、「大きな音がして船が傾いたとの証言が多い」「公開されたレーダー映像を分析したところ、衝突直後に船舶のような大きな物体の存在を確認した」として、外部からの衝撃が沈没原因とする。その物体はすぐに消えたから潜水艦に違いないというのだ。

「ネットユーザー捜査隊のチャロ」は、一三年に国家情報院による大統領選挙介入の証拠を摑《つか》み、公開した実績がある。

しかし、今回の「潜水艦衝突説」はあまりにも荒唐無稽《こうとうむけい》だ。七千トン級の船を沈めるほどの衝突をしたら、潜水艦のほうも無傷ではいられない。衝突した潜水艦はどうしたのか。「チャロ」は潜水艦航行二百万メートル無事故という世界新記録を立てるため、韓国海軍が隠したという推定もぶち上げた。

実は沈没直後にも、「米国の原子力潜水艦と衝突した」とのデマが流れた。しかし、喫水《きっすい》線《せん》の下だけでも十メートルを超えるような原潜は、平均水深三十七メートルで暗礁が多い事故海域には入れない。

そこで、今回は韓国海軍の潜水艦になったのかもしれない。

しかし、韓国海軍が保有する潜水艦は最大でも一千八百トン級だ。しかもドイツから輸入した一隻は三年近くもドックに入ったままだ（技術を盗もうと分解したところ、戻せなくなったとされる）。ライセンス生産した後続艦は「国産のボルトに欠陥があり、ドイツ製に交換した」といった情報が飛び交う。七千トン級の船舶を沈没させるほどの衝突だったら、きっと潜水艦のほうも一緒に沈んでいるだろう。

セウォル号が四十五度傾いていた時点でも、船腹に衝突の痕跡はなかった。完全に沈没したあとは、「船内にエアポケットが生じ、そこに生存者がいる」とのデマ情報により、多数のダイバーが船体に接触した。が、彼らからも衝突の痕跡があったなどという報告はなかった。

ちょっと考えただけでも「おかしな主張」だが、この番組は「かなりの視聴率を記録した」(朝鮮日報16年12月27日）そうで、ネットに寄せられたコメントは肯定的な反応が多いようだ。

大統領の弾劾《だんがい》訴追案が可決された直後であること。そしてセウォル号沈没の日の「空白の七時間」が訴追の罪状に挙げられていることを言うまでもない。これは明確な政治の意図を持った放送だったといえるだろう。

檀君《だんくん》から一千九百余年の系図が一夜にして作られ、印刷・流布されていく「学問の影薄い夕暮れ」が再現されている気分になる。

なぜ、そうした荒唐無稽のデマが、国民のなかにたちまち浸透していくのか。

しばしば指摘される背景は、韓国政府の情報操作統治と秘密主義の体質だ。

たとえば、失業率。調査の設計思想は日本と同じだ。日本の統計手法をそのままパクったのだから。しかし、大学卒業後、何年も職に就いていなくても、公務員試験を受ける準備をしているとなると、「公試生」という分類に入れて失業者にカウントしないなど、運用の細部で様々な違いがある。

甚《はなは》だしい場合は、研究職を辞めたばかりの人に、猛烈に安い時給で公衆便所の清掃作業を斡旋《あっせん》し、断れば「勤労意欲なし」として失業者にカウントしない。一時間でも清掃作業をしたら、もう「失業中ではない」となる。

こうして努力の結果、国際統計比較のうえでは「世界で失業率が最も低い国」になってしまった。それを「政権の成果」として喧伝《けんでん》した。李明博政権の時だ。

ところが運用細部にまで目を通さず、マクロ指標だけ見ても分かるのは、「世界で失業率が最も低い国」が、同時に「世界でも稀《まれ》なほど雇用率が低い国」になっていた事実だ。

ランキング（わが国は世界で○位だ）報道を見ては、激しく喜怒哀楽する国民である。「世界一」なら大喜びするところだが、身近に就職できない人がたくさんいるのだから、誰でも「これはおかしい」と思う。

そうしたなかだから、「本当の失業率は二五％だそうだ」といった話は、たちまち〝真実〟として広がっていく。すぐにも「政府の高官も認めたそうだ」といった尾ひれが次々に付いて拡大していくのだ。

朴槿恵大統領は、歴代の大統領と同じように、外国訪問の際は多数の財閥首脳を同行させる。そして、わずかな日程中に、膨大な輸出成約やプラント建設受注があったかのように発表する。が、嘘なのだ。

「貴国の○○開発事業に参与したい」「公開入札しますから、どうぞ」と、こんなやり取りがあったなら、○○開発事業の全体金額が「大統領訪問による経済成果」に加算されるのだ。

どうして、すぐにバレるような嘘を言うのか。分からない。しかし歴代政権がそうなのだ。

軍の事故は隠匿《いんとく》されることが多い。何らかのきっかけで事故があったことが発覚すると、軍当局は程度を過少に発表する。それを確実な画像や、目撃者の証言をもって否定する報道が出ると、ようやく認めても「それは、実はこういうわけで……」と、その場逃れの弁明をする。

そんな調子だから、国民の間に「政府の言うことは嘘だ」との思いが広がっているのは無理からぬ面もある。そこに荒唐無稽の陰謀論が〝真実〟として拡大するわけだ。

しかし、それだけではない。韓国民のなかには「嘘を言って、他人をからかいたい」という志向が確実にあるのだと思う。

韓国の古典的諧謔《かいぎゃく》話は、「洒落《しゃれ》」ではなく、他人を騙して喜ぶテーマがやたらと多い。

相変わらずの国民病

セウォル号は日本で「フェリーなみのはな」として十八年間も使われた中古フェリーを無理やり改造した。そしてペンキを塗り替えて「韓国最大の旅客船セウォル号」に生まれ変わった。「外華内貧の国」と言うべきか、「整形大国」の面目躍如《めんもくやくじょ》と言うべきか。

いま、「韓国初のクルーズ船」と称されている船舶も、やはり日本から購入した中古フェリーを改造したものだ。この〝クルーズ船〟の就航を報じた「朝鮮日報」(08年4月3日)の記事は、日本語訳で一千百字を超える大作なのに、船の来歴については何ひとつ触れていない。

だから、韓国の普通の読者は、日本の中古船舶の整形版とは思わない。その一方で、「わが国は造船大国」「わが造船は世界一」と自画自賛する記事は、飽きることなく紙面を賑わしてきた。両者を合わせれば「〝クルーズ船〟も、わが造船大国の優れた技術が造った」と普通の読者が考えるのは当然だろう。

造船に限らず、万事にわたり「わが自尊心」「わが愛国心」を擽《くすぐ》る報道——日本の報道の主流を「自虐」とすれば、韓国の、とりわけ保守系紙の報道姿勢は「自賛一辺倒」とも言える。そうした報道傾向が、韓国人に自らの正確な「立ち位置」を認識させることを妨害している。

セウォル号沈没事件について言えば、そうした報道事情――つまり、国民に媚《こ》びる「嘘」報道ばかりだったから、「朝鮮日報」は「船舶大国・韓国がなぜ日本の中古船？」（14年4月21日）、「まともな旅客船も建造できない造船大国」（4月22日）、「造船大国で起きた旅客船の悲劇」（同）と、立て続けに〝わが造船大国〟の内情を説明する記事を掲載せざるを得なかったのだろう。

だが、これらの記事でも、まだ率直ではない部分がある。

韓国の造船業界が旅客船を造らない理由を、「十六万トン級のコンテナ船用ドックで一万トンにも満たない旅客船を建造するのは効率が悪い」から、などとしている。この部分だけ見れば、まさに事実だが、実は①大型旅客船は重心が高いため建造技術が難しく、韓国では造らないのではなく「造れない」②商用船（タンカーや貨物船）より旅客船のほうが、付加価値がはるかに高い――ことには触れていない。

サムスン財閥系の「中央日報」が「韓国は『三流国家』だった」と題する社説（14年4月19

日）を掲載したのも、「朝鮮日報」の造船業界関連記事と同じ脈絡だ。

「中央日報」はこの社説で、事故対応に無能な政府、マスコミまでデマ情報に振り回される社会の不安定さを指摘し、「世界七位の輸出強国、世界十三位の経済大国という修飾語が恥ずかしく、みすぼらしい」と嘆いてみせている。

そうだ。「中央日報」こそ、「世界に輝く一流先進国＝韓国」といった「嘘」報道に邁進《まいしん》してきた新聞だ。「マスコミまでデマ情報に振り回される」と自己批判した点は評価できるが、事ここに至っても、やれ一流だ、やれ三流だとやり、「ランク付け狂国」と揶揄《やゆ》される〝国民病〟から抜け出せないようだ。

嘘を楽しむ性質

セウォル号の船体が横転してから、何本かのメールが親元に届いた。そして完全に沈没してからも、メールは続いた。

「お母さん、これまで本当にありがとう」といった泣かせる内容だ。

船は沈んだが、船内にはエアポケットがあり、そこに生存者がいるという希望がパッと広がった。

これを決定的にしたのが、女性ダイバーのテレビ・インタビューだった。テレビ側がマイクを向けたのではなく、女性のほうから「どうしても言いたいことがある」とテレビ・クルーに接近したのだ。

その発言は①潜水したところ、船体から生存者の反応音があった②海警が民間のボランティア・ダイバーの活動を妨害するので救出できない――という内容で、そのまま電波に乗った。

ところが、この女性は周囲では有名な「嘘つき病」患者で、ダイバーの資格も持っていなかった。船内から届いたとされたメールも、大部分が陸上から発せられた「いたずら」だったことが警察の調べで分かった。何と罪作りな嘘だろうか。

テレビ局は全面謝罪放送を流したが、「船内のエアポケットに生存者がいる可能性がある」という淡い思いだけは残存し、「船内に入って生存者を救出できない無能な海洋警察」への非難が、ますます高まった。

仮に生存者がいたとして、ダイバーが水密扉を開けたら、エアポケットは消滅するのではないのか。

が、そんな論議は聞こえてこなかった。もっぱら「生存者がいるのに、無能な海警は……」だった。

韓国は「IT大国」を自称しているが、その実態は「IT賭博大国」であることを、私は『悪韓論』（新潮新書）のなかで書いた。沈没事件直後には「〇〇日〇時の死亡者数」を当てる賭博サイトが立ち上げられた（韓国文化放送14年4月25日）。これには、本当に呆れ返った。

呆れると言えば、安全行政省（日本で言えば、旧自治省）の局長級の職員は、乗客の家族の待機場に充てられた体育館、その死亡者名簿が張り付けられた壁の前で「記念撮影をしよう」と言って、家族に吊るし上げられた。

この職員は、「優秀公務員」として大統領表彰を受けていた。朴槿惠政権成立後、初めての表彰公務員だったというのだから、二重に呆れた。

家族の待機場には、事故とは無縁の人間が入り込み、家族用に提供された食事を喰らった。慰問品泥棒も出現した。ボランティアと称して待機場に入り込み、記念撮影をするカップル……。朝鮮日報（14年5月7日）が「悲しむ家族を撮影、非常識な観光客が増加」と嘆いている。

家族代表として、政府交渉をしたり、朴大統領が待機場を訪れた際に、家族と大統領の対話を取り仕切ったりした人物も、あとになって「なりすまし家族」だったことが分かった。地方選挙に野党から出馬予定の人物だったのだ。

「みんなで青瓦台《チョンワデ》（大統領府）に乗り込もう」とアジったグループも、どうやら「なりすまし家族」で、従北派（親北朝鮮派）だったようだ。

全教祖とは日本で言えば日教組だ。彼らも沈没事件を奇貨《きか》として、反体制教育に跋扈《ばっこ》した。たとえば、「君たち（筆者註＝死亡した高校生）が江南《カンナム》（同＝ソウル市の高級住宅地）の裕福な親の下に生まれていたら、こんなに救助が遅れただろうか」と呼び掛ける動画を生徒に見せて……。

不幸な事故を利用して、悪質な嘘を楽しみ、政治宣伝に利用する。さすが、棺桶《かんおけ》を担いだデモの伝統がある国だ。

その後も荒唐無稽な怪談は止まなかった。

曰《いわ》く「セウォル号の本当の所有者は国家情報院（旧KCIA）で、情報工作に利用されていた」

「セウォル号が過積載になったのは、米軍向け資材のためだった」（筆者注＝セウォル号が

向かっていた済州島に米軍基地はない)

「米軍向け資材を積んでいたことが発覚しないよう、政府は船体引き揚げをわざと遅らせている」(同＝引き揚げ作業を請け負っているのは中国企業)

よくも飽きずに出てくることだ。

モンスター被害者

しかし、そうした陰謀論が次から次へ出てきて、それを受け入れる素地があるから「セウォル号沈没の真相糾明」の旗印を立てた遺族と従北派が連携した運動も止まない。

遺族は事件後、ソウル市中心部の光化門《クワンファムン》すぐ近くの道路上に、ハンストなど対政府抗議を展開する拠点として大きなテントを設置した。無許可設置だが、道路管理者は何も言えない。沈没事件から三年になろうというのに、まだ設置されている。

まさに「被害者様のお通り」だ。何をしても許される被害者モンスターが誕生したのだ。慰安婦像と同じことだ。

「公道に無許可設置だが、民間団体がしていることだから、政府は何もできない」とは、政府自ら「法治国家」でないことを認めているようなものだ。

光化門近くのテントは飲酒の拠点でもある。民主党の議員らがそこで飲酒中に帰宅のためのタクシーを呼んだ。ところが宴会はいつまで経っても終わらず、ついにタクシー運転手が文句を言うと、議員秘書らが暴行するといった事件もあった。

テントが設置されている場所は、朝鮮日報本社のすぐ近くでもある。で、朝鮮日報（16年4月16日社説）は、こう書いている。

「悲劇を心の奥深くに刻み込むこともなく、ただ道ばたで暴れ、テント周辺で断食中であることを誇示し、大声で怒鳴ることばかり繰り返しているようでは……」と。

対日被害者モンスター体質を主導しているように思える朝鮮日報が、この「最強の被害者モンスター」には、もう辟易《へきえき》としている様《さま》が読み取れる。

事故に遭った生徒が通っていた京畿道《キョンギ》安山《アンサン》市の檀園《ダンウオン》高校では、遺族が教室を「記憶教室」として、そのまま永久保存するように要求した。それでは一学年分の教室が足りなくなる。結局、市の予算で五階建ての記念館を建て、そこに教室をそのまま移設することで決着した。

遺族のなかには「死んだとは信じられないから」と、死亡届をいまだに出していない人がずいぶんといるらしい。戸籍上は生きていることになっているから、扶養控除は続行されるのだろう。

兵務庁のコンピュータは十九歳になった男子に、自動的に「入隊検査予告書」を送る。死亡届が出ていないのだから、遺族の家にも届く。それを受け取った遺族は「神経を逆撫《さかな》でした」と怒り出して、韓国のお家芸〝謝罪の要求〟だ。

セウォル号に乗っていたが、助かった生徒も七十五人いる。スポーツの大会と重なったため、修学旅行に行かなかった生徒も十一人いる。京畿道は、これら八十六人の生徒に対しても、「精神的打撃を受けた」として準被害者待遇をしている。大学の入学金と授業料を全額補助することを決めたのだ。八十六人のうち七十九人が大学に進学した。

死亡した生徒への補償金や保険金の支払いでは、十年以上も前に離婚した父や母が現れて醜い争奪戦が展開された。

沈没から一年経った日、大統領は沈没現場近くの珍島《チンド》で催された追悼式典に出席した。ところが、遺族は大統領到着に合わせて式典会場を去った。「抗議の意」を示したそうだが、それには「やりすぎ」との批判が出た。

沈没から二年目、大統領は追悼式典に出席せず、花輪だけ送った。そして午後には中南米歴訪に出発した。外交当局は「中南米の首脳の日程に合わせざるを得なかったため」と釈明したが、一国の元首の日程は何カ月も前から決まっている。だから、「もう今年は行かない」と早々と決めていたのだろう。

モンスターもモンスターなら、大統領の「冷たさ」も「冷たさ」。哀れささえ感じざるを得ない国情だ。

嘘が嘘を呼ぶ崩韓の連鎖

沈没事故直後の大統領批判は、「有効な救助活動ができなかった行政府の最高責任者」だからだった。しかし、海警が到着した時、セウォル号はすでに四五度傾き、浸水していた。海警は海上に投げ出された人を救い上げる装備しか持っていない。誰がどう取り組んでも、船室に閉じ込められた乗客客を救うことはできなかったとしか判断しようがない。

「船室から出るな」と命令して、真っ先に逃げ出した船長の責任は無限だ。

一四年秋になって「空白の七時間」がクローズアップされると、「救助のために何もしていなかった大統領」が非難の対象になった。

しかし、当時の報道を点検すれば、一四年四月十六日午前十一時四十一分、聯合ニュースは、朴槿惠大統領が「全羅南道《チョルラナムド》珍島郡沿岸で発生した旅客船の座礁事故に関連し、人員と装備を最大限活用し、人命被害が出ないよう救助に最善を尽くすよう指示した」と報じている。

敢えて朴槿惠氏を弁護すれば、大統領の仕事としては、これで終わり、充分だろう。福島原発の事故の時のように、一国の最高指導者が現場に乗り込み、やたら指示を発すると、現場は混乱するばかりだ。

ところが、「空白の七時間」については、「男と密会していた」から始まり、「邪教の儀式をしていた」「美容整形の施術のため全身麻酔注射を受けて、朦朧《もうろう》としていた」と、〝見てきたようなお話〟が韓国中に出回り、ロウソクデモへと繋がっていった。

何でもいいから朴槿惠氏を貶《おとし》めて、政権を奪うのだとする従北左派が発する「嘘」が、無能なうえに弱みをいっぱい抱えた朴槿惠政権を追い込んだのだ。

お国のために滅私奉公をする人材がいない代わりに、私利私欲・党利党略のための嘘が溢れている国。その国が傾き沈んでいく姿がいま見られる。

第4章 朴大統領の呆言、妄言、暴言録

一国の元首の発言は、その国を観察するうえで必須の材料だ。式辞などの公式演説は、側近の官僚群によって作成されたテキストに基づくだろう。国内外の要人と交わす即興的な会話すら、実は官僚群による事前レクチャーが色濃く反映されていよう。逆に見れば、一国の元首の言葉とは、その国の実権的ブレインの視角と意向、知識レベル、さらには配慮すべき国内外の事情などを総合的な背景として発せられる。

だから韓国を観察する場合には、朴槿惠大統領の発言をしっかりと受け止め、分析する作業が重要になる。以下は、そのための一つの試みだ。

「門番三人組」がブロック

韓国の現行憲法下の大統領とは、日本の天皇のような象徴元首ではなく、アメリカ型の実権大統領だ。しかし、朴槿惠大統領が就任してから二年半、つまり任期の半分が過ぎた時点で振り返ると、記者会見は二回しかしていない。それも再質問を認めない形式で、痛いところを突く質問には木で鼻を括《くく》ったような、受け流し回答だった。国会で演説したことは一度しかない。それも言いっぱなしであり、国会答弁もしたことがない。

朴槿恵大統領は、日本の首相官邸とは比べ物にならないほど広い韓国大統領府（青瓦《チョンワ》台《デ》）のなかに、いくつかの大統領専用スペースを確保しているらしい。通常、「官邸」と呼ばれるのは、青瓦台の奥まった所にある居住スペースで、六千平方メートルもあるという。「官邸」から車で五分ほどの所にあるのが「本館」で、ここに大統領執務室がある。そこから、政権のナンバー2である大統領府秘書室長の執務室まで五百メートルあるといわれる。

専用スペース域は、国会議員選挙に初出馬した時からの秘書（日本の政治家の事務所の感覚で言えば、秘書というよりは書生だ）が「秘書官」に昇格して〝門番役〟を務めている（韓国のマスコミをして「門番三人組」という。うち一人は一五年一月に広報部門の秘書官に移動した）。

韓国のマスコミは「門番三人組」のブロックにより、本来なら大統領の手足である首席秘書官はもとより、閣僚も「対面報告」ができない状況を批判してきた。しかしそのブロックは、そもそも大統領の意向に基づくのだろう。つまり、「引きこもり型元首」なのだ。

それは、父親が側近に殺害されたことが影響しているのかもしれない。「引きこもり型元首」は首席秘書官や閣僚との面談すら嫌い、必要なことは文書報告にするよう命じている。文書報告のなかによほど気になる点があれば電話をする。与党執行部とも、時たま昼食会を開くぐらいだ。

朴槿恵大統領は妹弟と絶縁状態にある。家族はいない。昔から使っている家政婦が夕方に帰ると、愛玩する珍島犬《チンド》だけが友となる。大統領自身、「大統領府にいる本当の実力者は珍島犬だ」（与党幹部との昼食会、一四年十二月八日）と述べている。

これは出席者を笑わす発言だったとされているが、裏側には「淋しい女性大統領」の実像が隠れている。朝鮮日報（13年3月23日）が、大統領就任から間もない頃の朴槿恵氏の日常を伝えている。

「大統領は午後六時ごろになるとまっすぐ官邸に戻る」

「夕食は一人ですることも多い。家政婦の帰宅後は警護員と女性職員が待機するが、気軽に声を掛けられる人はいない」

中央日報（16年12月9日）も、雑誌『女性東亜』を引用して、官邸の元料理人の話を報じている。

「大統領は特別なことがない限り、いつも官邸で一人で食事をしている」と。

崔順実《チエスンシル》氏は？　元料理人は、大統領就任から早い時期、崔順実氏と三人組、さらに大統領の服装を担当する行政官が日曜の夕、官邸でしばしば話し合い、そのあとに食事をしたと述べている。

つまり、大統領は一人で食事をする。崔順実氏は、個人事務所にいた書生出身の秘書官と食事をする。この関係は、とても面白い。「最側近」「親友」といった韓国紙の報道を鵜《う》呑《の》みにすると、当然、大統領は崔順実氏と一緒に食事をし、書生出身の三人組は三人組だけで別室で食事をする光景が浮かんでくる。が、大統領の前では、崔順実氏は書生出身の秘書と同格の扱いだったということだ。

世界の元首のなかでも、この女性は極めて異様な環境のなかに好んで身を置いている。それはユーモアある対話に欠け、精選された極少量の情報しかインプットされない環境だ。もしかしたら、妄想を育てるのには最適の環境であるのかもしれないが……。

日本で「保守派」とされる人々は、頻繁に「◇◇さんは○○氏の息子だから」と、会ったこともない◇◇氏に全幅の信頼を寄せてはよく裏切られる。それなのに懲りずに同じ手法の見立てを繰り返す。朴槿惠氏についても、日本の保守系親韓派は「朴正熙《パクチョンヒ》の娘だから親日派のはずだ」と言い、「きっと日本語も話せるのだろう」と妄想を膨らませた。

が、大統領就任から一週間ほどで、その妄想は一瞬にして砕かれた。

「加害者と被害者という歴史的な立場は千年の歴史が流れても変わらない」（三・一節式辞、

一三年三月一日）という、今後の日韓関係史に百年ぐらいは残りそうな台詞《セリフ》を述べたのだ。

大統領就任後、初の大式典（三・一節＝独立運動記念日）だから、その式辞の対日部分には外交省、教育省などの徹底的なチェックが入ったはずだ。しかし、「こんなことを述べたら日本人は……」とチェックできるだけの日本通はいなかった。「高麗《こうらい》兵が先陣を務めた元寇《げんこう》からまだ千年経っていませんから……」と史実を指摘できるスタッフもいなかった。

対日ファンタジー史観

つまり「我々は常に一方的被害者だった」とする対日ファンタジー史観が、大統領周辺を完全に支配しているのだ。

無理もない。反日ファンタジー史の教育を始めてから七十年の重みがある。日本統治時代を肌で知る人々はほとんど鬼籍《きせき》に入っているか、もはや社会的発言力がない。反日ファンタジー史の教育下で優等生として育った人々が、韓国のあらゆる部門の指導層を形成しているのだから。朴槿惠氏も、そうしたなかの一人なのだ。

韓国人は事あるごとに「歴史が、歴史が」と叫ぶが、韓国の学校教育に占める教科としての歴史はとてもお粗末だ。とりわけ世界史は教師の絶対数が足りない。そのうえ、「大学入試のため」至上主義が支配する環境のなかで、国史も世界史も大学入試の必須科目になっていない（一七年の修能試験＝日本の大学入試センター試験に該当＝から、国史が必須になる）。

朴槿惠氏は、西江《ソガン》大学の工学部卒業だ。理工系進学を目指した時点で政治家になるつもりはなく、歴史学などには興味もなかったのだろう。しかし彼女は大統領就任後、理工学部の卒業者らしいことは語らないが、「植民地時代」の歴史、わけても慰安婦についてよく語る。

ヘーゲル米国防長官との会談（一三年九月三十日）では思い切り言いたいことを言った。

「歴史問題と領土問題についてたびたび時代・歴史退行的な発言をする日本指導部のために信頼が形成されずにいる」

「日本は（歴史問題などを）無視して何の誠意も見せておらず、傷口に塩を塗るようなことをしながら『対話すればよいのではないか』と言っている残念な状況だ」

「傷を受けた国民がいるため国民とともに解決する問題であって、首脳二人が座っても解決できない状況だ」

「国民の傷はそのままなのに、前にもそうだったように日本の指導部がまた傷つくような話を会談後に投げかけることになれば、一体どうしてその会談をやったのかと国民の心が痛むだろう」

「このような悪循環になるのが真の問題だ」

「慰安婦女性の問題はいまも続いている歴史だ。その方たちは花のように美しい青春を全て失い、いままでずっと深い傷を抱えて生きてきたのに、日本は謝罪どころか侮辱し続けている。その女性だけでなく国民もともに怒っており、これではいけないという状況だ」

「二十一世紀にも紛争地域で女性に対する性的蹂躙《じゅうりん》が強行されていることに怒りを禁じえない」

　延々と続く「歴史的対日批判」は、ヘーゲル長官を辟易《へきえき》させたらしい。その流れが、シャーマン米国務次官の「安っぽい喝采を浴びるのは容易だろうが……」(一五年二月二十八日)という発言に繋《つな》がったのだと思う。

モンスターに変質

それでもヘーゲル氏に対する発言は、朴槿惠大統領お得意の「告げ口外交」の内容を知るうえでも役に立つし、韓国人の発想、韓国官僚の忠誠心の在り方を学ぶうえでも参考になる。

それぞれが〝突っ込みどころ満載〟の発言なのだが、領土（竹島）問題に関して言えば、その決定的な再発火点は、二〇一二年八月の李明博大統領の竹島（独島《ドクト》）上陸だった。自分たちで火を付けたにもかかわらず、〝加害者は日本〟という認識なのだ。

日本への刺激という点では、李明博氏がその数日後、「天皇に土下座させ……」とはしゃぎ回ったことのほうが強かった。が、前任大統領の言動については何も語っていない。ただただ「日本が一方的に悪い加害者」、逆に言えば「善良なる韓国は一方的被害者」という立場からの発言だ。

「善良なる被害者」と社会から認知されるや、被害者はその関連分野では超法規的存在になる。何をしても許されるモンスターに変質するのだ（典型は沈没したセウォル号の遺族）。

この国が「立派な条文を揃えた法律はあるが、法治国家ではなく情治国家」とされるのと同じようなことだろう。

朴大統領の「告げ口外交」とは〝韓国の常識は世界の常識〟との思い込みの下で、「韓国は善良なる被害者」と国際社会に認知してもらうための努力だったと言えようか。失敗に終わったが……。

韓国社会に限って見れば、「善良なる韓国民は一方的被害者」とする対日認識がすでに確立されている。だから、こと日本に対しては、国民全体が被害者モンスターになる。それで、条約違反も国内法違反も、大体のところ〝お咎《とが》めなし〟になるわけだ。

外交慣例などくそ食らえ

朴・ヘーゲル会談で「発表することで合意」した内容は、「対北に関する米韓協力合意」だけだったとされている。米国としては対北陣営内部の日韓不和、とりわけ朴槿恵大統領の対日敵愾心《てきがいしん》を表に出したくなかったのだろう。

が、青瓦台の担当者はブリーフィングですべてを明らかにしたあと、「(大統領発言の内容が）とても良いと思ったので公開した」と述べたという（京郷新聞13年10月1日）。青瓦台のエリート官僚をして、〝姫の素晴らしいご発言〟があれば外交慣例などくそ食らえとばかり発表してしまうのだ。

これこそが、韓国流の直属上司への忠誠心の発露だ。まさにゴマ摺《す》りであり、「上司への告げ口」とともに韓国社会に蔓延《まんえん》している処世術だ。

京郷新聞が「こうしたことは、海外のリーダーに韓国との協議を憚《はばか》らせるように仕向け、率直な意見交換を成り立たなくする」との外交消息筋の発言を併せ伝えたことが、せめてもの救いだ。

話は前後するが、慰安婦に関して「その方たちは花のように美しい青春を全て失い……」とする表現は、朴槿恵大統領の発言のなかにしばしば出てくる。

あっちでもこっちでも慰安婦について語るなら、慰安婦自身の証言も含め様々な史料を漁《あさ》っていて、多彩な事実の叙述や表現が出てきてもよさそうだが、韓国紙が伝えるところ「花のように美しい……」ばかり目立つ。

インプットされる情報域が狭すぎるのではないのか。もしかしたら、特定の人物に依拠した耳学問ぐらいしかないのかもしれない。

もしも強制連行されなかったなら、「花のように美しい青春」を謳歌《おうか》できたはずと信じているとしたら、李王朝末期の庶民がまるで縄文時代から抜け出してきたかのような生活をしていたことや、「内鮮一体」の日本の投資でようやく食べられるようになった史実も知らないのだろう。

朴槿恵大統領に限らず、韓国の与野党指導者たちも、慰安婦の証言録すら読んだことがないのかもしれない。読んでいたなら、そしてまともな史料と突き合わせていたなら、「ジープに乗せられ」といった証言のおかしさが分かる（日本軍にジープはなかった）。

慰安婦問題を管轄する女性家族省のホームページでは、慰安婦と一緒にいる髪を伸ばした若者の写真が「日本兵」として紹介され、「慰安婦募集」と漢字で書かれたポスターが「強制連行の証拠」として掲載されていた。

担当公務員が「募集」という漢字も読めない。それを公開するなら、事前に漢字を知る学者にでも確かめてみればいいのに、それもしない。そういう知的レベルの国だ。その国の大統領の知識が、「その方たちは花のように美しい青春を全て失い……」くらいしかなかったとしても不思議はない。

それにしても「二十一世紀にも紛争地域で女性に対する性的蹂躙が強行されていること

に怒りを禁じえない」とは、どこの国のことを言っているのか（韓国も北朝鮮との間には休戦協定しかなく、「紛争地域」だ）。よもや、朴槿恵大統領は自分の国では売春が一大産業であり、同時に「韓国＝売春婦輸出大国」である事実もご存知ないのだろうか。

「ギロチン処分」ににじむ性格

インプットされる情報域が狭ければ、それまでに得ていた〝もっともな知識〟と合致《がっち》する新情報はたちまち消化される。きっと、報告書のなかにあった「外国人観光客の招致積極化」や「経済部門の規制廃止の必要性」といった建議は、たちまち朴大統領の血肉に転じたのだろう。

観光に関しては、「金の卵を産むガチョウだ」（国民観光振興会議、一四年一月三日）と、とても露骨な表現で述べている。自民党の二階俊博氏（当時総務会長、全国観光業協会長）は、そうした〝日本人ガチョウ〟を韓国に送り込んでくれる人として一四年三月、韓国観光公社から招待を受けたわけだ。

規制については韓国産業界を雁字《がんじ》搦《がら》めにしているものであり、産業活性化の最大の足枷《あしかせ》という考えを何度も表明している。
規制廃止のための関係者会議も何度か開いている。そのたびに、ドキッとするような面白い発言が飛び出している。平場の会合での質問に対する回答や即座の指示は、事前のレクチャー資料があったとしても、朴槿恵氏個人の感覚に基づく部分が大きいと見てよかろう。
「ブルドッグよりも珍島犬がよりいっそう、一度噛みつけば肉がちぎれるまで放さない。我々は珍島犬の精神で取り組まなければいけない」(国務調整室などの業務報告、一四年二月六日)
「もつれた糸を解く最も速くて確実な方法は何か……糸のもつれを切ってしまうことだ」(官民合同規制改革点検会議、一四年九月三日)
「副作用が心配で『できない』というのではなく、『副作用をどう賢く創意的に解決するか』を考えなければいけない。小さな副作用のためにだめだという方向に行けば、より大きな損失となる」(同)
「規制の妥当性を直ちに検討し、雇用の創出や投資の障害となっているものはギロチンで一気に処分すべきだ」(閣議、一四年十一月二十五日)

自信をもって打ち出した規制緩和が遅々として進まないことへの怒りと焦りがあるのだろうが、激しい性格がにじみ出ているような発言に思える。

有銭無罪、無銭有罪

朴槿恵氏の「指示」に関して、日本ではしばしば「具体性がない」と言われるが、歴代の韓国大統領の「……よう、すべきだ」式の発言は押しなべて具体性がない。韓国の大統領とは単に行政府の長ではなく、すべての国家機関の上に君臨する存在だから、大原則を述べることが職務なのだ。その大原則に基づいて具体的施策を考え、実行するのが閣僚以下の官僚たちだ。

大原則が間違っていても、「やり方が悪かったから」「タイミングを失したから」と更《こう》迭《てつ》されるのは閣僚だ（官僚はよほど重大な過失や大規模汚職の発覚でもなければ生き残れる）。大統領は原則論を述べ続けるのだ。

大統領の発言は、政策遂行のうえで絶対の大義名分になる。もしも「韓国の文化を世界に広め、韓国のスポーツ選手を世界一流に育てるのは良いことだ」と言っていたとしたら、崔順実氏が進める二つの財団への寄付を財閥に勧めることは、担当者にとって大義名分のある行為なのだ。

しかし、産業分野の規制のように受益者がたくさんいて利害が錯綜《さくそう》する部門では、「ギロチンで一気に」と声を張り上げても進んでいかない。

歴史的な重みを持つ文化に対する改善指示も同様に進まない。

「『有銭無罪、無銭有罪』のような恥ずかしい話が大韓民国でこれ以上、常用されないように皆さんが先頭に立ってほしい」（「法の日」五十周年記念式、一三年四月二十四日）

大統領がこう演説してからも、警察、検察、裁判所による「有銭無罪」の扱いは次から次に明るみになる。伝統的文化である「司直の腐敗」のほうが強いのだ。

大統領発言は絶対的権威を持つ。しかし、実際の利害関係や腐敗と汚職が蔓延する社会のなかでは、実効性を貫けない。

朴槿恵大統領はそうした現状に怒りと焦燥を感じつつも、韓国民の「偉大さと可能性」を信じているようだ。

「私は韓国経済が進む新しい発展パラダイムに創造経済を提示している。……私たちは優れた〝創造ＤＮＡ〟を持った民族だ。……私はその創意の力と情熱を活かして第二の漢江《ハンガン》

の奇跡を必ず実現する」(「発明の日」記念式典、一三年五月十六日)
「韓国民DNAのなかには芸術的感性が豊富であり、血液中に流れる〝気〟がある国民だ」(文化人との会合、一五年二月二十五日)
DNAを「ある民族が持つ不変の遺伝子」といった意味で使っているようだ。理系出身者らしからぬ誤用だ。さらにその背後には、「韓国人は世界でも稀《まれ》な単一民族」(韓国高校用教科書)とする誤った内容の刷り込み教育が蓄積されているのだろう。
そうした批判はさておき、いま紹介した発言そのものが問題だ。これぞ優生学的選民思想そのものではないか。

「日帝=ナチス」と吹く大韓ナチス

韓国は李明博政権の後半から、「日帝=ナチスだった」とするキャンペーンの世界的展開に躍起になっているが、大統領が堂々と語る優生学的選民思想、その選民による奇跡実現の呼びかけこそ、ナチズムそのものではないのか。都合よく改竄《かいざん》したファンタジー史を国民に教え、隣国への敵意を煽る手法もナチスと同質だ。

「日帝＝ナチスだった」とするキャンペーンの下部にあるのが、「旭日旗＝戦犯旗＝カギ十字旗」のサブ・キャンペーンだ。

一一年のサッカーアジア杯から僅か二年の間に、「旭日旗＝戦犯旗」とする国民的認識を醸成した草の根運動、海外で旭日旗に似たデザインを見付けるや一斉にサーバー攻撃を仕掛ける手口……「君たちこそ現代のナチスだよ」と言わねばなるまい。

「政治指導者が過去の敵を非難することによって、安っぽい喝采を浴びるのは難しいことではない。しかし、このような挑発は進展ではなく麻痺をもたらす」――米国務省のウェンディ・シャーマン次官の発言（一五年二月二十八日）は、韓国の政権や保守系マスコミにとって大変な衝撃だった。

青瓦台内部の情報伝達は「突発的な軍事情報」を除いては、極めてスローモーなようだ。公式文書の形式を整えてから「門番三人組」のところに持っていくのだから。

シャーマン発言は米国時間では二十七日だったが、韓国の通信社聯合ニュースが配信したのは三月一日、すなわち三・一節の朝だった。おそらく、朴槿恵大統領はシャーマン発言を知らないまま三・一節の演壇に立ち、その足で中東歴訪へと旅立った。

あとになって、自分が「安っぽい喝采を浴びた政治指導者」になってしまったことを悟り、追い打ちを掛けられるかのように日本の外務省がホームページのなかの韓国紹介欄にあった「自由と民主主義、市場経済等の基本的価値を共有する」との表現を削除したことを知ったはずだ。

大使襲撃事件でも謝罪ナシ

激しい気性の大統領がどれほど怒ったことか……とは、想像するだけだが。

さらなる大きな追い討ちがあった。五日午前のリッパート米国大使襲撃事件の発生だ。朴大統領はアラブ首長国連邦（ＵＡＥ）で事件の報告を受け、次のように述べた。

「驚きを禁じ得ない。今回の事件は駐韓米国大使に対する身体的な攻撃に留まらず、韓米同盟に対する攻撃であり、決して容認できない」

「大使の一刻も早い回復を祈り、家族に対しても心よりお見舞い申し上げるとともに、オバマ大統領や米国政府にもお見舞い申し上げる」

日本大使に投石した前科（判決は執行猶予）を持つ過激派を野放しにしていたこと、会合を主催した国策団体（代表者は大統領側近の一人）がその危険人物をやすやすと大使の近くの席に座らせたこと……韓国側に不手際があったことは明らかだが、大統領は「回復を祈り、お見舞いを申し上げる」とは言っても謝罪の言葉は口にしない。

大統領に限らない。韓国人は謝罪しない。「謝罪」とは、韓国人にとって一種の〝希少価値〟と見れば理解しやすい。自分が持っている（発することができる）希少価値は出したくないが、他人（他国）が持っている希少価値は手に入れたい。だから事あるごとに「謝罪しろ、誠意を見せろ」とばかり叫ぶのだ。これは日本に向かって言うばかりではない。韓国人同士でも、そうだ。

「韓米同盟に対する攻撃」という規定の仕方は、「テロリストは北の意を受けた人間」という前提があるからだが、「韓国も被害者」という意味が半分込められている。先にも触れたが、〝被害者の地位確保〟は韓国のお家芸だ。

保守系紙の中央日報（15年3月6日）は、「大韓民国に対するテロだ」との社説を掲げた。これはもう半分ではなく、完全に「韓国はテロの被害者」との立場の表明だ。

韓国当局の不手際もあり、米国大使が顔を切られた。が、これは韓国に対するテロであり、韓国人は実は被害者なのだ――日本で「三百代言《さんびゃくだいげん》」と罵《ののし》られる人々とて、目を白黒させるような論法だ。

韓国の大統領は、こんな論法が日常的に闊歩《かっぽ》する社会の頂点にいる。その配下にいる官僚は、たばこ価格を一五年一月一日から一挙に二倍に値上げしても「これは増税ではない。国民のための健康対策の一環である」と、恥じらうことなく言えるのだ（朴槿惠氏は「増税せず」を大統領選挙の公約に掲げていた）。

縫合手術を終えた大使に

朴槿惠大統領は中東歴訪から戻ると、その足で大使の入院先を見舞った。誠意を示したのだろうが、大使への見舞いの言葉は日本人の波長とは到底合わない。

慰めの言葉はあったが、謝罪の言葉はやはりない。そして、〇六年に自らも顔を切られるテロに遭った経験を挙げて、こう述べた。

「それからの人生はおまけだと思って、国と国民のために生きると決心した。大使も今後、韓米同盟のために多くのことをしてくれるという気がする」

八十針もの縫合手術を終えたばかりの大使に向かって、何という押し付けがましい言葉だろうか。

アンタに俺の人生航路まで決めてもらいたくないよ——と、なんて一国の大使が言うはずがない。大使は「私も、おまけで得られた人生と時間を家族と韓米両国の関係のために」と応じた。これぞ外交辞令というものだろうに、大統領周辺は「韓米関係が強固になった」と大はしゃぎした。

親米保守派は、病院の近くで鉦《かね》や太鼓を打ち鳴らして「リッパート全快」を祈る街頭パフォーマンスを繰り広げた。李王朝の後裔《こうえい》と称する老人は（これは本当に善意だったようだが）、犬肉を見舞い品として届けた（病院が受け取らなかった）。中央日報（15年3月9日）に至っては、「リッパート効果」なる心ない造語を見出しに立てた。

そうしたなかで朴大統領は、「世界で最も成功している同盟と評価される韓米同盟が前代未聞の攻撃を受けた……だが私たちは、この危機をさらに強力な韓米同盟への契機とする成熟した姿を見せた」（ソウルCOEX祈会、一五年三月十二日）と事件を総括した。

韓国のコウモリ外交によりガタついている米韓同盟が「世界で最も成功している同盟」であり、大はしゃぎの「リッパート効果」が誇るべき「成熟した姿」であるらしい。

もしやキリストの心意気？

朴大統領は支持率が低下してくると、あばら家のような商店がひしめき、屋台が連なる下町の市場に出向いた。カボチャの葉を買ったり、おばあさんに声を掛けたり……きっと「門番三人組」の配下が、どこで何を買うか、誰に声を掛けるか段取りを決めて、厳重なガードを張り巡らしているのだろうが。

そして、危機を感じさせる時にはしばしば教会や寺に出向いたり、宗教関係者と懇談したりした。

上記のＣＯＥＸも、キリスト教（おそらくプロテスタント系）の組織と思われる。大統領は事件総括の続きで述べた。

「イスラエル民族が広野の試練を一つの心で勝ち抜いた時、乳と蜜が流れる土地カナンに至ることができたように、私たちもいま、葛藤と分裂の足枷を克服するならば新しい祝福の時代に進むことができると信じる」

「羊の群れの世話をする羊飼いの気持ちで、韓国の新時代を切り開いていくことに全力を尽くす」

キリスト教では、民は「迷える羊」であるらしい。国民を「羊の群れ」に譬《たと》えることに問題はないのかもしれないが、朴槿恵氏はもしやモーゼかキリストの心意気なのだろうか。

ちなみに韓国統計庁の一五年調査資料によると、韓国の宗教人口は、プロテスタントが一九・七%、仏教一五・五%、カトリックが七・九%で、「宗教なし」が五六・一%。「羊の群れ」にされた非キリスト教徒からの反発が聞こえてこないのは不思議だ。

漢字をほとんど放棄してしまった韓国だが、「国格」という熟語は韓国人が最近、漢字を基に創り出した(実際に新聞紙面に出てくるときは「クッギョク」と読むハングル表記)。

私が愛用する小学館と韓国・金星出版社の共同編集による「朝鮮語辞典」にも載っていない。おそらく、日本でベストセラーになった藤原正彦氏の『国家の品格』(新潮新書、〇五年十一月)をヒントに創作されたのだろう。中央日報にこの熟語が初めて出てくるのは〇九年九月二十八日のことだ。

韓国語で言う「国格」とは「国家の品格」ではなく、「国家としての総合的な格」といった意味で使われる。

ランク付け大好き国家ならではの造語ともいえる。

朴大統領の偉大なるギャグ

朴大統領も、「国格」という造語を使って面白いことを述べている。

「言葉は人格を表し、国民を代表する人たちの言動は国格を表す。……私たちは相手に対して深く配慮しなければならず、それがまさに国格と直結する重要な資産だ」（首席秘書官会議、一三年七月十五日）

野党による大統領非難が続き、ある議員は朴槿恵氏のことを「鬼胎《きたい》（生まれてきてはならなかった人）だ」とまで言った。

そうした「野党の暴言攻勢」に対する反論なのだが、それが朴槿恵氏の口をついて出た言葉となるとどうだ。

南北統一問題では「テバク」（儲け時といった意味）という博打《ばくち》用語を使い、「ギロチンで一気に処分すべきだ」と指示をした国家元首がその一方で、「言葉は人格を表し、国民を代表する人たちの言動は国の国格を表す」と教訓を垂れるとは。まさにギャグだ。

朴槿恵氏は「引きこもり型元首」だが、その職責上、さまざまな式典、会議に出席すれば、実によく話す。

朴槿恵大統領の発言を、その政治社会的背景に留まらず、どんな文化的背景のなかから出てきたのかを探ることは、韓国という国のかたちを理解するうえで有効な手段だと思う。

朴槿恵大統領がますます語ってくれることを期待してやまないが、もう無理だろうな。

第5章
韓国財閥　軒並み崩壊の真相

ロッテ大混乱、韓進海運倒産

こんな問題だらけの財閥統治がいつまで続くのだろうか――。

少なくとも、国家的打撃になる「崩落現象」は起こる。現に、二〇一六年夏には、無理を重ねた人間の部位が過労から機能停止に陥《おちい》るように、財閥の綻《ほころ》びが目立ち始めた。

「これはヤバイ！」とは、日本でのサムスン製スマートフォンのCMのセリフだが、新型スマホ「ギャラクシー・ノート7」（＝日本では未発売）の爆発事故は本当にヤバそうだ。アメリカの航空当局は、飛行機への持ち込みを禁止した。

サムスンの体質からすれば「被害者への個別補償」で押し通すところなのに、早々と全量リコールに踏み切った。これは、よほどの欠陥があるからではあるまいか。新製品に切り替えたところで、「爆発するサムスンのスマホ」のイメージは長く尾を引くだろう。

韓国ロッテに対する検察の追及は随分と時間がかかった。「前政権で太った財閥はいじめられる」とのジンクスどおりだ。

検察の最終目標は李明博前大統領だったのだろう。軍用飛行場から緊急発進した戦闘機が衝突しかねない位置に、ロッテは百二十三階建てのビル（第二ロッテワールド）を建設中だった。盧武鉉政権ですらこの地点への建設は認めなかったのに、なぜ李明博政権が許可を出したのか。

納入会社、入居テナントに対するロッテの横暴さ、オーナー一族の傲慢《ごうまん》さは、かねて有名だった。

八八年ソウル五輪の直前、ロッテホテルはスト決行中だった。夜、ホテル入口のアプローチに寝転んだボーイたちの立て看板に面白い文言《もんごん》があった。

「会長様は若い女の上で寝て、俺たちは石の上で寝る」

常民と奴婢《ぬひ》の怨嗟《えんさ》の表明のような文言だが、その「若い女」こそ、総括会長の現夫人である元ミスコリアだ（日本にいる夫人とは別人）。いまや、相続税逃れの追及対象になっている。

ロッテ財閥のナンバー2が事情聴取の直前に自殺したのも、「やはり黒だから……」との一般的心証を強めた。ロッテについては「あれは日本の財閥だ」というのが韓国人の一般的な受け止めだから、同情の声など起きるはずもない。

そして、韓進《ハンジン》だ。大韓航空（ＫＡＬ）が「ナッツ姫事件」以来、思わしくないところへ、韓進海運が事実上、倒産した。

　一応、「韓進海運はグループからは切り離し済み」という形になっているが、それでは〝国民情緒法〟が許さない。「ナッツ姫のパパ」こと、趙亮鎬《チヨヤンホ》氏は私財の一部を供出したが、焼け石に水だ。

　そもそも韓進海運は趙亮鎬氏の弟が経営していた。その死後、夫人があとを継いだが、海運不況には勝てず、趙亮鎬氏に経営権を委《ゆだ》ねた。

　その夫人は、韓進海運の倒産の前に全持ち株を売り逃げた。彼女が、ロッテの総括会長の姪に当たることは運命のいたずらだろうか。趙亮鎬氏にも株式売り逃げの疑惑がある。韓国のマスコミ報道では、趙亮鎬氏が崔順実《チエスンシル》氏の冬季オリンピック利権への介入を拒絶したためオリンピック組織委員会を追われ、韓進海運も潰された――ということになっているが、どこまでが本当だろうか。ともかく、これで趙亮鎬氏は〝崔順実事件の被害者様〟になったのだ。

　公道を「そこのけ、そこのけ」とばかりに闊歩《かつぽ》する会長様。財閥の全権を握る彼らが誤った号令を出した時、韓国型財閥はすぐにも沈んでいく。いまは、その模様を眺める絶好の季節なのかもしれない。

韓国を象徴する「交通規制」

「韓国の財閥とは」「韓国の国民性とは」と尋ねられるといつも思い出すのは、ソウル西《ソ》小門洞《ソムンドン》にあった中央日報社の前でたびたび見た光景だ。ソウル市庁に向かう四車線道路は、いつも車が渋滞していた。

ある時、その横断歩道に、いかにも海兵隊か陸軍特戦部隊の出身と見られる屈強な男たちが七、八人、飛び出してくる。みんな濃紺のユニフォームを着ている。日本の警察官の出動服に似ている。中央日報社の警備員たちだ。

彼らが横断歩道で横に並び、両手を広げて車を止める。そして、市庁に向かう通りに車が全く見えなくなった時に中央日報社の玄関前から二台の車が出てきて、市庁のほうに猛スピードで走り去っていく。その二台の車が見えなくなると、警備員は引き揚げていく。

二台の車のうち一台は、当時は外貨事情が悪くて輸入が禁止されていた大型ベンツだ。それに乗っているのは、サムスン（三星）財閥の創業者である李秉喆《イビヨンチヨル》氏と、中央日報社の会長だった洪璡基《ホンヂンギ》氏だ。もう一台には警護要員が乗っている。洪璡基氏はかつて法相を務め、「法曹界のドン」といった存在だった。

中央日報はサムスンの系列企業だ。

当時、李秉喆氏の執務室は三星物産（サムスン財閥の当時の中核企業）本社のなかにあったが、月に二回ほど中央日報を訪れ、夕刻が近づくと洪璡基氏とどこかへ出掛けていった。だから月に二回ほど、その渋滞通りは民間会社の警備員によって不法に交通規制されてしまうのだった。

それを初めて見たのは、一九八〇年四月のことだった。本当に不思議なのは、車を止められた運転手も、この光景に出くわした通行人も、何も言わないことだった。時にはパトロールの警察官が、この異様な光景に出くわすこともある。が、彼らも何も言わずに通り過ぎるのだ。

一九八〇年四月とは、朴正熙《パクチヨンヒ》暗殺事件から六カ月、光州《クアンジユ》事件まで一カ月。韓国の民主化要求運動が最高潮に達していた時期だ。都心での民主化要求デモに参加するために集まってきた学生たちもいた。が、彼らも「財閥会長様のための不当な交通規制」に対して何も言わないのだ。

私より三年ほど前からソウルに赴任していた日本人特派員によると、ただ一人だけ大声を上げて文句を言った運転手がいた。

「天下の公道を何と心得るか」と、水戸黄門のように怒ったのではない。「俺の車だけ通せ。俺の車には東京銀行の支店長様が乗っておられるのだぞ」と叫んだというのだ。

韓国の財閥の傲慢さ、「金のある人＝偉い人」という認識に発する身分意識、そして韓国法曹界の遵法《じゅんぽう》精神がどんなものであるかを、この光景は見事に示してくれた。

現代は相続争いで四分五裂

日本で蠢《うごめ》くサムスンの秘密代理人のような人々は、「もう半世紀近く前のことを言うな。サムスンは変わった。二代目も三代目も、そんなことはしていない」と捲《まく》し立てるだろう。

創業者が健在だった時代にも、「この人が二代目になればサムスンは変わります。いい会社になりますよ」と言った人物がいた。

中央日報の論説委員だ。私は彼のところにしばしば行って、韓国の外交課題について意見を聴いていた。その日はついでに、「あの交通規制は酷すぎないか」とも言った。

そこへ、なぜか李健熙《イゴンヒ》氏が論説委員室に入ってきた。論説主幹には目もくれず、彼のところへ来た。小さな応接セットしかなかった。彼は補助イスにちょこんと座った。すると論説委員氏は、「この人が二代目になれば……」と日本語で始めたのだ。

名刺を交換して、私は初めて「この人が李秉喆氏の三男である李健熙氏か」と分かった。当時、彼が二代目総帥になるという下馬評はなかったが、すでに決まっていたのだと思う。チャンスを逃した。この時に大ゴマを擂《す》っておけば、私はいま頃、日本におけるサムスンの秘密代理人の総元締めとして、運転手付きの高級ベンツに乗っていただろうに……。「この人が二代目になれば……」と語った論説委員氏はもう八十歳を超えているはずだが、いまも国際問題担当の「大記者」（定年後も社に残って論説を書き続ける記者。大手新聞社に一、二人しかいない）として活躍している。「この人が二代目になれば……」、そのとおり、サムスンは変わった。

トップ財閥だった現代《ヒョンデ》は、創業オーナーが病に倒れるなかでアジア通貨危機に直面し、異母兄弟間の相続争いで四分五裂《しぶんごれつ》した。

一方、サムスンは小さな自動車製造部門を手放すだけで済み、トップ財閥の座に就けた。

その後のサムスンは、「基礎技術など研究する必要なし」「相手（日本）より工作機械を大量に導入して、大量に製造することで世界市場の覇権を握ればいい」とでも言わんばかりの行動で、ＤＲＡＭ、携帯電話・スマホの世界市場で「販売台数」トップに躍り出た。しかし、「会長様（財閥総帥）絶対」の権威主義は、結局、変わらなかった。いや、より酷くなったのかもしれない。

意識のない総帥に業務報告

李健熙氏は一四年五月、急性心筋梗塞で倒れた。もう二年半以上も意識が回復していない。しかし、サムスン財閥のナンバー２である崔志成《チエヂソン》未来戦略室長は毎朝夕、意識なく眠っている総帥に対して「業務報告」をしているというのだ（朝鮮日報15年1月10日）。

李秉喆時代のサムスンには、まだ公権力を恐れる側面があった。そもそもが「親日派の闇屋」として財を蓄え、朴正煕政権下では密輸をしてさらに儲けたものの摘発され、凄《すさ》まじい打撃を被《こうむ》った時の痛みが記憶されていたからだろう。

密輸に手を染めるような実業家にとって、「法曹界のドン」はぜひとも知恵袋になってもらいたい存在だろう。

これは想像だが、知恵袋は次から次へと悪知恵を出したのだろう。だから、重要な傘下企業である中央日報の会長に据えた。そして、財閥の総帥なら子会社の会長を呼びつけるところ、自ら子会社に足を運ぶことで〝別格扱い〟していたのだろう。

李秉喆氏の長男は密輸発覚の責任を取らされたが、下馬評ではトップだった。次男は親の反対を押し切り、「日本人・李栄子」（在日だろうか）と結婚したことで勘当《かんどう》同然だった。

三男の李健熙氏が、財閥内で別格扱いされている洪璡基氏の長女と婚約した時点で、「二代目は三男」と決まっていたのだろう。

そして、サムスンは公権力を恐れぬ存在に変わっていった。その模様を朝鮮日報社説（05年6月29日）がこう伝えている。

「三星は、輸出の二一％、税収の八％、株式市場の時価総額の二三％、上場企業の売上高の一五％、同利益の二五％を占めている。

そこから広告・寄付・研究費を出すなどして、マスコミ、教育、文化、スポーツなど、私たちの社会のほとんどすべての分野で、このうえなく強い影響力を行使している。左派マスコミも三星の特別な広告に傾いており、系列の金融機関から莫大な支援を受けている」

「三星の寄与は十分に評価しなければならない。しかし、そのことと三星が『法の上の存在』であるということは全く次元の異なる問題だ」

「三星の前に立つだけで縮こまり小さくなる政府も否定すべき姿だが、そうした対応や特権を期待している三星の態度も正常ではない」

この時、サムスンは何をしたのか。社説は、元金融監督委員の発言を基に列挙している。
①三星カードが系列会社であるエバーランドの株式二五・六％を所有する際、法規定に背いて金融監督委の事前承認を得なかった。
②エバーランドが所有している三星生命株（一九・三％）を時価ではなく、取得価格で変則会計処理した。
③三星生命が契約者への配当に回すべき約二兆ウォンを、自らの取り分に回そうとした。
それなのに、

「金融監督委は三星生命の不当利得に対して是正命令を出しただけで、一般的な慣例を破り、法人と責任者の問責をしなかった。三星生命とエバーランドに対しても決定を先送りしたままだ」

「金融監督委は、国民銀行の変則的な会計処理について行長退陣まで要求し、それを貫徹した。そうした金融監督委が三星問題に出くわすや、薄氷を踏むように身を縮めている」

「サムスンXファイル」事件

〇五年といえば、盧武鉉左翼政権の時代だ。盧武鉉大統領はオールド左翼らしく、表向きは財閥に冷たい姿勢を示していた。が、足元の官僚機構はサムスンに完全に飼い慣らされていたのだ。

俗に言う「サムスンXファイル」事件が明るみに出たのは盧武鉉政権下の〇五年だが、事件の発端である洪錫炫《ホンソクヒョン》中央日報社長（洪璉基の長男）と、当時のサムスン財閥ナンバー2である李鶴洙《イハクス》氏との会話が情報当局により盗聴・録音されたのは、金泳三《キムヨンサン》政権末期の一九九七年だ。

①次期大統領選挙に出る与党候補の陣営に百億ウォンを提供した

②検察庁幹部に一千万～一億ウォンの「餅代」を配った

――というのがその内容だ。

これで、駐米大使に赴任していた洪錫炫氏は辞職した。

洪錫炫氏は二〇〇〇年に、サムスンとは別に洪一族が経営する普光《ボグワン》財閥の脱税事件で懲役三年、執行猶予四年の判決を受けている。同年八月の光復節恩赦《おんしゃ》で赦免となり、中央日報に戻っていたとはいえ、そうした前歴を持つ人物が駐米大使に起用されるとは、まともな国とは思えない。

が、こうした人事を押し通したのがサムスンの「金の力」なのだろう。もちろん、大使の任命権者は大統領だ。左翼の盧武鉉は財閥に冷たいポーズを見せても実は……だったと見るほかない。

驚くべきことは、朝鮮日報、東亜日報、中央日報が「大使内定」を受けた論評記事のなかで、脱税事件の前歴に一言も触れなかったことだ。与党陣営への不法献金も「餅代」も時効であり、「餅代」をもらった検事たちも何のお咎《とが》めもなかった。逆に、盗聴内容をスクープしたMBC放送の記者が通信保護法違反で有罪になった。洪錫炫氏は中央日報に戻り、会長に就いた。

サムスンにとって「重要な子会社」である中央日報の会長職（社主扱い）は、洪一族により世襲されている。洪一族は別格なのだ。洪錫炫氏の弟は検事で、高検の検事長で引退して普光グループに入った。

“暴力団”が経営する財閥

サムスンの闇はさらに深くなる。〇七年十月、サムスンにスカウトされて法務チーム長を務めていた元検事が、サムスンの裏金は一兆ウォンに達し、政界への不法献金、判事・検事などへの資金提供を行っていると暴露したのだ。サムスン裏金疑惑事件の始まりだ。

特別検事が任命され、サムスン幹部の背任、脱税、証券取引法違反などが次々と明るみに出た。中心的な犯罪に位置付けられたのが、李健熙会長から長男の李在鎔《イヂエヨン》氏への相続を進めるための生前贈与が、持ち株会社の株式の低評価譲渡などで進められていたことだった。

裁判所は、李健熙氏の背任は時効と判断し、脱税のみで懲役三年、執行猶予五年、罰金一千百億ウォンを言い渡した。そして罰金が支払われると、李明博大統領はただちに特赦を断行した。

理由は、一八年五輪を韓国に誘致するためには国際オリンピック委員会（ＩＯＣ）委員である李健熙氏の活動が不可欠であり、有罪が確定すると委員資格を失うから特赦（犯罪行為自体がなかったことにする）を与えるというのだ。

まさに、ＯＩＮＫ（オンリー・イン・コリア＝韓国でしかあり得ない、韓国でしか通用しないといった意味）論理だ。

朴槿恵政権は一五年の光復節で、第三位の財閥であるＳＫの会長を特赦した。その時の理由は、「経済活性化のため」だった。韓国の財閥は、オーナー会長が絶対的権限を持って君臨している。そうした存在である会長様が〝塀のなか〟にいたのでは、大規模投資の決定に支障が出るというのだから、これまたお笑いのＯＩＮＫだ。

平昌《ピョンチャン》五輪のスキー競技は、普光財閥が所有するスキー場を借りて行われる。国際競技場の要件を備えるために、直接経費だけで少なくても七百億ウォンが投入される。そして五輪が終わると、普光財閥に〝無償返却〟される。周辺のインフラ整備が大きい。きっと高級別荘地になる。それを含めたら、普光はどれほどの利益を得るのだろうか。

サムスン財閥の中核企業であるサムスン電子の水原《スウォン》事務所が一二年三月、正面入口にバリケードを築いた。同社が、携帯電話の通常販売価格を過大表示して割引幅を大きく見せていることを問題視した公正取引委員会が立ち入り調査に来る、との情報を得たためだ。

朝鮮日報（12年3月19日）が、こう伝えている。

——公正取引員会の調査官が、サムスン電子の水原事業所に入ろうとした。同社が携帯電話端末を値引き販売するに当たり、通常価格を実際より高く表示し、値引き幅を過大に表示したとの情報を入手し、現場調査を行うのが目的だった。しかし、警備員に阻止された。調査官は身分を明らかにしたが、警備員は事前の約束がなければ内部には入れないとする社内規定を理由に挙げた。すぐに二人の社員が正門前に出て、双方は約五十分にわたり、言い分を主張し合った。

——その間、サムスン社内では緊迫した動きが展開された。担当専務の指示で調査対象の資料が廃棄され、担当職員のパソコンは新品に交換された。書類廃棄の過程では、机の引き出しを丸ごと交換した。サムスンはそうした工作を全て終えたあとで、調査官の立ち入りを許した。しかし、すでに多くの資料が消えたあとだった。担当常務は事業所内にいながら「ソウルの本社にいる」と偽り、姿を見せなかった。

——こうした社内の模様が明らかになったのは、公取委が押収した社内の防犯カメラに一部始終が記録されていたからだ。

一三年十二月には、同社の華城《ファソン》工場が、韓国電力に無断で電線を引いて盗電していたことが明るみに出て、裁判所から百十七億ウォンの支払いを命ぜられた。

まさに、〝暴力団〟が経営しているのだ。これが「韓国ナンバー1財閥」の姿だ。サムスンのことばかり書いてきたが、これには理由がある。サムスンが飛び抜けて大きなトップ財閥であることも一つの理由だが、他の財閥もほとんどがサムスンと同じ体質だからだ。

蓄財は「民・民汚職」

たとえば「会長様絶対」の権威主義的体質は、韓国財閥に完全に共通する。会長の無理な進軍ラッパに異を唱えるような番頭は存在しない。異を唱えたら遠からず馘首《かくしゅ》される。そういう企業文化であることを皆が心得ている。

いや、これは財閥・企業に限らない。韓国の大統領制そのものが、そういう統治文化だ。異を唱える秘書官を馘首しなかったのは、全斗煥《チョンドゥファン》大統領ぐらいではないだろうか。対極にあるのが朴槿惠大統領だ。秘書官（大統領秘書官は閣僚よりも強い実質権限を持つ）も閣僚も、「イエスマン」しかいない。

「会長様絶対」の企業文化は、好調な時は「速い決断」として有効に作用する。

しかし、「こんなことをしていては財閥ごと破産する」と分かっている号令にも、側近はゴマスリ競争を続けるだけになる。追い出されるよりは「会長側近」としての地位を固め、倒産のその日まで蓄財を続けるほうが得だからだ。

蓄財の第一の方法は民・民汚職だ。下請け業者から吸い上げる。財閥のなかで上昇志向の猛者《もさ》がいたら、「会長様に君を推薦してやろう」と言って上納させる。猛者の上納金も、どうせどこかの下請けから吸い上げた金だ。公務員に渡す賄賂《わいろ》の「中抜き」は当たり前のことだ。

オーナー会長自身、あるいはその一族に脱税、背任、横領、贈賄などの前科者がいることも、ほとんど共通している。

たとえば一〇年七月、全経連（経団連に相当）など経済四団体は光復節恩赦を前に、財閥首脳ら七十八人を恩赦対象にするよう政府に要望書を提出している。

アングラマネー「私債」

オーナー一族の貪欲《どんよく》さも、ほとんど共通している。財閥幹部の背任、横領事件が摘発されると、「会長にいくら渡ったか」が捜査される（だいたいは有耶無耶《うやむや》になるが）。韓国の財閥のオーナー会長は、自分が支配する企業からも不法に吸い上げるのだ。

一昔前は、会長が匿名で会社に金を不当な高利率で貸し付け、吸い上げる手法が多かった。いわゆる「私債」と呼ばれるアングラマネーだ。

現代財閥の分裂後、「本流」を名乗って世間からもそう認められたのは創業者の五男が率いたグループで、現代商船を中核企業としていた。おそらく、五男が「正嫡《せいちゃく》」だったからだろう。五男は金大中《キムデジュン》政権下の「北送資金」疑惑のなかで自殺した。そして、夫人があとを継いだ。

夫人は北朝鮮を訪問して、当時の金正日氏と観光施設問題を交渉するなど、やり手だったが、海運不況には勝てなかった。現代証券を売却し、現代商船を七分の一に減資して債権団に引き渡した。

その過程で明るみに出た〝小さな事件〟があった。現代証券に設置してあったリースのコピー機全量についてリース会社と再契約し、親族企業がリースを受け、それを現代証券に再リースする形にしたのだ。

現代証券に設置してあったコピー機が一時撤去されたわけではない。あくまでペーパー上のことだ。親族企業も、もちろんペーパーカンパニーだ。リース元の契約代金は変わらない。再リース料金はプラス一割。つまり、倒産の一歩手前まで来ているのに、財閥のなかの優良企業からコピーリース代の一割を居ながらにして吸い上げていたのだ。

まだあった。傘下の陸送・宅配会社である現代ロジスティクスが使用している発送状を、やはりペーパー上の操作で別の一族企業を経由して購入する形にして、市価よりも一二〜四五%も高く支払わせていた。

日本の経営者だったら、リース元や発送状の納入業者に値引きの交渉をするところだろうが、韓国の財閥オーナーは違うのだ。

この後始末がまた面白い。公正取引委員会は現代証券と現代ロジスティクスに対し、「特定企業に対する不当支援」があったとして罰金を科したが、夫人一族には何のお咎めもなかったようだ。お咎めがあったとしても、そんな微罪はすぐに恩赦と決まっていようが。

彼らはそうして得た金で何をするのか。いろいろあるだろうが、贅沢三昧《ぜいたくざんまい》の生活をすることも、ほとんど共通している。

サムスン令嬢と結婚して

サムスンの李健熙会長の長女であるホテル新羅《シーラ》李富真《イブジン》社長は、一介のサラリーマンと恋愛結婚した。男性は「シンデレラ・ボーイ」として騒がれたが、一六年に離婚した。彼が『月刊朝鮮』のインタビューに応じて語った「財閥オーナー家の婿」としての苦労談（朝鮮日報16年6月15日が抜粋を報道）がとても面白い。抜粋の抜粋を示そう。

①サムスン物産の電算室に入社したというのはサムスン側の作り話で、本当は会長のボディガードだった。

②米国のＭＩＴ（マサチューセッツ工科大学）経営大学院に留学した時がとても大変で、極度のストレスを受けた。

③離婚理由に「飲酒のうえの暴力」が挙げられている。しかし、自宅に勤めていた十八人の誰も私が酒を飲んで乱暴を働いた姿を見ていない。

ＭＩＴとはよほど権威がある大学と思っていたが、何だ、金さえあれば、英語がほとんどできない人でも入れるのだ。

サムスン会長の邸宅ではない。その娘の家に十八人もの家事使用人がいる。一体、どんな職務分担になっているのか、想像もできない。

財閥、財閥と言ってきたが、韓国に「財閥」の定義はあるのか。公正取引委員会が定める基準では、資産規模五兆ウォン以上が「大規模企業集団」とされる。これが唯一の法的な基準だ。

その比重を見ると、一二年四月末の株式の時価総額はサムスンだけで二五・三%、十大財閥で五九・二%を占めた。

つまり、サムスンだけが飛び抜けて大きいのであって、三十位の財閥になったら、日本の感覚では「財閥」とはほど遠い規模になる。

従業員数はサムスンだけで二十万人強、四大財閥合計で五十万人強、三十大財閥合計で百六万人だ。これは一〇年の数字だが、大きな変動はないだろう。三十大財閥の雇用者数は、勤労人口の四%程度になる。この四%のなかのホワイトカラーは日本のサラリーマンと同等か、あるいは上回る給与を取っている（ただし、韓国の平均入社年齢は兵役などもあり三十歳前後で、五十歳になる前には「名誉退職」という名の肩叩きに遭う）。

その一方で、「法定」の最低賃金（一六年は時給六千三十ウォン）を得られない勤労者が二百万人以上いると推計されている。非財閥系中小企業の給与水準は、財閥の半分といったところだ。

だから財閥は「入社したい」憧れの対象であると同時に、怨嗟の対象でもあるのだ。

韓国の世間一般では、「大規模企業集団」の基準とは離れて、ある程度の知名度（地域限定でもいい）があり、いくつかの系列企業を抱えていれば「財閥」と認識される。それを束ねるオーナーは「財閥の会長様」になる。

朝鮮半島は長く、両班（貴族）―中人―常民―奴婢という厳格な身分社会が続いてきた。制度としてはなくなったが、意識の面では生きている。収入と資産が基準だ。会長様は、両班のなかでも位が高い人々だ。最低賃金未達の勤労者は、さしずめ奴婢だ。

両班が何をしても罰せられなかったように、会長様は法の上にいる。たまたま引っかかっても、すぐに恩赦される。会長様とその一族が〝下人どもの無礼〟に怒り、あの「ナッツ姫」のようにパワハラに狂うのは、この社会文化のなかでは当然のことだ。韓国とは、「会長様と、その一族だけの国」なのだ。

いまや進むロウソク革命は、財閥を「被害者ではなく、朴槿恵の共犯」と位置付け、「財閥の規制」を叫んでいる。ただの「規制」で終わるだろうか。従北派が政権を握れば、財閥資産の接収――財閥解体に向けた動きが表面化するのではなかろうか。従北派は、金大中――盧武鉉と十年も続いた左翼政権が結局は財閥に飼いならされた失敗を充分に見てきているのだから。

第6章

『呆韓論』ナッツリターン篇

日本はもとより、世界中に知れ渡った「ナッツリターン」。事件というよりは騒動であり、その子細を見れば、吉本興業も裸足《はだし》で逃げ出すほど面白い。同時に、「韓国型財閥」とはどんな存在であり、韓国人がしばしば自分の国を「財閥共和国」と自嘲《じちょう》する理由も分かってくる。

ナッツ姫の悪罵は伏せ字に

大韓航空とは、韓進《ハンジン》財閥の中心的企業だ。韓進財閥の総帥は趙亮鎬《チョヤンホ》会長であり、ナッツ姫こと趙顕娥《チョヒョナ》氏はその長女。四十歳にして大韓航空の副社長だった。

二〇一四年十二月五日、ニューヨーク・ケネディ空港を飛び立とうとしていた大韓航空機。そのファーストクラスで、ナッツ姫が〝火病《ファビョン》〟を起こしたのが騒動の発端だ。キャビンアテンダントのマカダミアナッツの出し方がマニュアルどおりでない、という理由だった。

ナッツ姫は副社長として、「機内サービス」を担当している。だから、サービスがマニュアルから外れていると指摘するのは、まさに立派な職務だ。しかし韓国各紙が伝えるところ、それは静かな指摘ではなく、エコノミークラスの席にまで聞こえる大怒声だった。

ハンギョレ新聞（14年12月11日）には、「会長夫人が空港で会社の職員に大声を張り上げ悪口を浴びせ、周辺にいた市民の眉をひそめさせた事件もあった」とする元韓進役員の証言が載っている。所かまわず「身分が下」の人間を大声で面罵《めんば》する両班《ヤンバン》（李王朝時代の支配貴族）型の性格は、母から娘への遺伝なのだろうか。

キャビンアテンダントが「いいえ、マニュアルどおりです」と答えたことが、ナッツ姫をますます怒らせた（一四年十二月十七日の日経ビジネス・オンライン、趙章恩《チヨウチヤンウン》「ナッツリターン〜国際的恥さらしに韓国中が怒り」によると、キャビンアテンダントの対応はマニュアルどおりで、ナッツ姫が思い違いをしていたようだ）。

驚いて飛んできたチーフパーサーに、ナッツ姫はタブレットのマニュアル画面を開くように命じた。チーフパーサーも、「会長様のご令嬢」の火病に手が震えたのだろう。タブレットを開くのに手間取ると、ナッツ姫は悪罵《あくば》を浴びせ、跪《ひざまず》いているチーフパーサーの腕や手をタブレットで小突き、さらにはキャビンアテンダントの胸元にタブレットを投げつけ、「飛行機を降りろ」とチーフパーサーを立たせて搭乗口まで押していった。

品格がない表現を使うことにおよそ無頓着な韓国紙が、姫の悪罵を「○○」と伏せ字で書いている。深窓《しんそう》で育ったお嬢様にして、信じられないような下品な言葉だったのだろう。

悪罵を浴びせ、物を投げつけるのはナッツ姫の得意技らしい。実はその六年前にもあった。ナッツ姫は韓進財閥が経営する仁荷《イナ》大学の理事も務めていたが、教授の採用をめぐって学長と衝突した。大学の人事委員会を経た人選だったが、ナッツ姫が反対し、理事会の席で学長に暴言を吐いて書類を投げつけた。学長はショックを受けて辞任した、と聯合ニュース（14年12月16日）は伝えている。

この学長は、趙亮鎬会長とは高校の同級生であり、海洋水産省の次官を務めた。それほどの人物でも、オーナーのお嬢様の横暴には辞表を出すことしかできないのだ。

財閥に限らない。韓国企業では、それこそ小さな飲食店であってもオーナーは絶対権限と権威を併せ持つ。オーナーの親族は、それに準ずる。その親族がその企業に属していようがいまいが、そうだ。ナッツ姫が仮に「副社長」の肩書を持っていなかったとしても、その命令は全従業員にとって絶対なのだ。

オーナー会長様とその親族は絶対にして不可侵——これは韓国企業文化の際立った特色だが、さらに大学を卒業しても半数はまともな就職口にありつけない、就職できた新卒者も半分近くは非正規雇用という雇用状況がある。だから、オーナー様のご令嬢、まして副社長の前では、大の男も羊になるわけだ。

ナッツ姫の命令がどういう経路で機長に伝わったのかは定かでないが、機長は機体をリターンさせた。ここで「機内では機長が最高の権限を持つはず」などと言う人は、現代韓国の事実上の身分制度への理解が足りない。

チーフパーサーを降ろして飛行機は再び滑走路に向かった——ここまでが騒動の第一幕だ。

「お付き爺」の入れ知恵か

この出来事は、大韓航空の社内用ネット掲示板に載った。それが外部のネットに流出したとされる。しかし、騒動を最初に報じたハンギョレ新聞の記事は、頭に「単独」(特ダネの意味)とある。外部ネットへの流出より、左翼新聞への〝タレこみ〟のほうが先だったのかもしれない。

マスコミからの問い合わせで、大韓航空はネットがすでに騒動になっていることを知った。「韓進オーナー一族の横暴」を批判する意見で溢れていた。マスコミ報道は、権限のない人間が機体をリターンさせたことを「航空保安法違反の疑い」とした。

ここで登場するのが、ナッツ姫の下にいる常務（五七）だ。「姫にお付きの爺」のような存在だ。

騒動が明るみに出るや、ナッツ姫が早々と乗客への謝罪を表明して「機内サービス担当役員を降りる」と述べたのも、きっと爺の入れ知恵だったのだろう。

爺は関係者の「口裏合わせ」をした。「誤りを指摘しただけ」「暴力をふるったことはない」「チーフパーサーは自分の意思で飛行機を降りた」などなど。キャビンアテンダントは従順に従った。

チーフパーサーも、国土交通省の事情聴取では従順な態度を見せた。これで終わっていたら、爺はめでたく専務昇進だったに違いない。

が、そうはならなかった。「機内サービス担当役員」は降りても、副社長ポストはそのままであることに批判が集中した。

ついでながら述べておくと、韓国の財閥での「社長」「副社長」「専務」「常務」「理事」（取締役）とは、部門担当者やスペシャリストに与えられる「階級章」のようなものだ。サムスン電子には社長だけで十数人、常務に至っては数百人もいるのは、そういう事情からだ。

本当の経営陣は、韓国語では「登記理事」と言い、サムスン電子でも七〜八人に過ぎない。

ナッツ姫はマスコミとネットの集中攻撃を受け、副社長も登記理事も降りざるを得なかった。

そして市民団体の告発により、騒動は国土交通省だけではなく検察が関与するところになった。

そうしたなかでチーフパーサーは、国土交通省の事情聴取に大韓航空の役員が立ち会い、調査官六人のうち二人が大韓航空の出身者という「八百長《やおちょう》聴取」だったことを暴露した。さらには「口裏合わせ」に従うよう、上司らが何度も自宅に押しかけてきたことも明らかにした。

機内の様子をライブで中継

機内での実際の出来事はどうだったのか。実は、ソウルにライブ中継されていた。

ファーストクラスの乗客は、ナッツ姫を含めて二人しかいなかった。もう一人は、「座席のアップグレードサービス」でファーストクラスに移ってきた女性だ。四百人乗りの飛行機のファーストクラスとビジネスクラスには、合わせて二人しか乗っていなかったのだ。

この騒動の最中、朝鮮日報（14年12月26日）は国土交通省と航空振興協会の統計資料を引用して「大韓航空の国際線シェア、初の三〇％割れ」と報じた。

それによると、「大韓航空の国際線旅客シェアは一二年に三五・六％だったが、一三年には三二・六％、一四年十一月末には二九・三％まで下落した」「国際線旅客数は一四年一～十一月だけで、すでに一三年通年を八・九％上回る。……一～十一月に韓国の航空会社七社で乗客数が前年同期を下回ったのは大韓航空が唯一だ」。

ドル箱のニューヨーク―ソウル便が、四百人定員のところ二百数十人。高額座席には二人しかいなかったというのも、なるほどだ。

本筋に戻ると、ファーストクラスにいたもう一人の乗客は、騒ぎが起こるや携帯電話で動画を撮り、それをソウルの友人に送っていた。その原画像は検察に証拠品として確保された。それを見た検事は「本当に生々しい画像で……」と語ったという。

「口裏合わせ」した証言、供述は、偽証の証拠に一転したのだ。

件《くだん》の乗客は、ソウルに到着すると大韓航空のサービスセンターに苦情を告げた。三日後になって大韓航空の役員、おそらく爺から電話があった。

「大韓航空のカレンダーと、飛行機のプラモデルを差し上げます」との申し出から、「事情聴取を受けたら、謝罪を受けたと言ってください」との内容まで、すっかりマスコミに報じられてしまった。

「トイレ再掃除」を厳命

第三幕は、国土交通省によるナッツ姫に対する事情聴取だ。始まる何時間か前に、三十人ほどの大韓航空関係者が駆け付けた。大部分は子会社の社長だったという。

彼らはナッツ姫を乗せた車の停車位置を想定して庁内への動線を予測し、押しかけていた報道陣に「ここより出ないように」などと仕切りを始めた。もちろん「お前に何の権限があるのか」といった野次が飛び、実際には仕切り線も守られず、マスコミの心証を悪くしただけだった。

が、外郭の社長たちにとっては、自分の顔がテレビに出て、オーナーの目に「忠勤する○君の姿」が留まることが最大の目的だったのだろう。

第三幕で最高のギャグは、事情聴取に充てられる部屋の周辺だった。外郭社長団の一人が庁内にいた清掃作業員を捕まえて、女子トイレの清掃を命じたのだ。清掃作業員は清掃会社の派遣従業員だろう。少なくとも、その省庁にも属さない民間人の指揮下にはいない。

しかし、李王朝時代の身分制度が事実上（法律ではない）引き移されている韓国では、見るからに高額そうな背広を着た人間はまさに両班であり、作業服の人間は奴婢《ぬひ》にも等しい。どこの家に属する奴婢かは知らないが、両班なら「こうしろ」と命令できる。

清掃作業員は「掃除しました」と答えたが、現代の両班は「副社長様がお使いになるかもしれないから、もう一度、念を入れて掃除しろ」と命令し、作業員はそれに従ったのだ。

国土交通省は、大韓航空の監督官庁に当たる。が、そこに乗り込んできた監督される会社の外郭会社の社長たちは「こちらこそ国土交通省を監督してやる」とばかりに振る舞ったわけだ。

この騒動の過程では、国土交通省の公務員が大韓航空機に乗ると、座席がファーストクラスかビジネスクラスにアップグレードされる慣行があることも暴かれた。もちろん、座席のアップだけではないだろう。監督官庁は一歩裏に回ったら、監督対象企業に頭が上がらないのだ。

ナッツ姫に対する事情聴取も、もちろん八百長だった。国土交通省にいる監督官と調査官、合わせて二十七人のうち二十一人が「大韓航空出身者」。天下りならぬ天上がりだ。ナッツ姫聴取の場合は、大韓航空出身の監督官が爺に質問内容を事前に知らせていたことも分かり、この騒動での最初の逮捕者になった。

五輪組織委員長は前科二犯

趙亮鎬会長は騒動発覚後、「娘の教育を間違った」と謝罪した。萎《しお》らしくも思えるが、本当は「妻の教育も、息子の教育も、もう一人の娘の教育も……」と言うべきだったのではないか。

ナッツ姫の弟・源泰《ウオンテ》氏（三八）も大韓航空の副社長だが、車の運転マナーを注意した老女を突き飛ばして負傷させ、書類送検されたことがある。

ナッツ姫の妹で大韓航空常務の顕旼《ヒヨンミン》氏（三一）は騒動が起こるや、直属の部下たちに「これは社員全員の責任だ」との一斉メールを打ち、「責任逃れ」との批判を浴びた。直属の部下がマスコミにリークしたのだ。

彼女はさらに、姉のナッツ姫にメールした。「必ず復讐してやる」と。誰に復讐するのか、きっとチーフパーサーにだろうが、これまた世論の指弾《しだん》を浴びた。検察はナッツ姫の携帯電話を証拠品として押収している。妹から姉へこんなメールがあったことは、検察官にしか分からない。

大変な妻、息子に娘を抱えたものだが、実は趙亮鎬会長自身にも前科がある。

二〇〇二年の恩赦《おんしゃ》名簿に経済犯罪者として載っている（東亜日報02年12月30日）。経済犯罪の中身は明らかではないが、財閥会長がしばしば引っかかるのは相続や生前贈与に絡《から》む背任や脱税だ。さらにこれとは別に、〇二年の大統領選挙で不正献金を摘発されて罰金刑を受けている。

前科二犯のこの人が、ナショナルフラッグキャリアを傘下に持つ韓進財閥のオーナー会長であり、平昌《ピョンチャン》冬季オリンピック組織委員長を務めていたのだ。「凄い国」としか言いようがない。

韓進財閥だけが、こんな状況であるわけではない。

たとえばハンファ（旧韓国火薬）財閥。「韓国の財閥一族の悪行」と言えば必ず出てくるのが、金升淵《キムスンヨン》会長だ。一九九三年に外国為替管理法違反で逮捕されて実刑を受けたのが、いわばデビュー戦だ。二〇〇三年八月に違法献金で罰金刑。

そして〇七年三月、「報復暴行」事件を起こす。次男がナイトクラブで従業員と諍《いさか》いになり、殴られて帰宅した。すると会長は、日頃から付き合いのある暴力団員三十数人を引き連れて店に乗り込み、従業員らを建築現場に連れていってリンチを加えた。

会長自ら鉄パイプを振るって顔を蹴り上げたというのだから、会長＝暴力団だ。ナッツ姫と同様、韓国紙が連日のように報じたが、結果は財閥会長ならお決まりの執行猶予だった。

一〇年十月、三男がホテルのバーで暴れて器物を壊し、女性従業員に猥褻《わいせつ》行為をしたうえ、保安係二人に軽傷を負わせた。しかし、被害者が揃って「処罰を望まない」と申し出たため、警察は立件せずに終わった。裏で大金が動いたのだろう。財閥ご家族様が絡めば、けが人が現認されても事件そのものがなかったことになってしまうのだ。

一一年三月、次男が交通事故を起こしたが逃走。そのままソウル大学病院に入院したが、警察が「逮捕する」と通告すると出頭、罰金刑を受けた。次男は一二年七月には大麻吸引で摘発されたが、これまた執行猶予付き判決だった。

財閥一族は「有銭無罪」

こんな悪の勲章をたくさん持った人物が一一年十一月、「太陽光発電機器の売り込み」のために日本を訪れ、何と首相官邸に当時の野田佳彦首相を表敬訪問した。

この席で会長は、「韓国と日本の有能な若者を集めて教育し、未来の韓日関係で重要な役割を果たせるようにしよう」と述べ、首相は「若者の韓日交流提案に深く共感する」と答えた（中央日報11年11月8日）というのだから、悪い冗談を聞かされる思いがしてくる。

なお、太陽光発電機器をめぐっては、京セラが一四年七月、ハンファの日本法人を特許侵害で提訴している。

まだ終わらない。一二年八月、会長は背任や横領の罪で、ソウル地裁で懲役四年の実刑判決を言い渡され、そのまま収監された。当時は「財閥オーナー一族に対する裁判所の姿勢が変わった」と特筆大書《とくひつたいしょ》して報道されたのだが、一三年一月には病状が悪化したとの理由で拘束執行を停止され、病院に移った。

「呼吸困難な状態で、うつ病が重なり」と聯合ニュース（13年1月8日）は報じていた。

同年四月、控訴審は懲役三年の判決。改めて服役したはずだったが……。一四年十二月四日の朝鮮日報によると、同会長は「裁判所から受けた三百時間の社会奉仕命令を十一月二十五日に終え」、以後、財閥本部に出勤している。そして記者団に「健康状態は良い。今後、さらに一所懸命にやりたい」と述べたというのだ。

あれ、懲役三年はどうなったの。「呼吸困難で、うつ病」の人が、いつの間にか「健康状態は良い」になっていた。この訳の分からなさを解くカギはただ一つ。「彼は財閥のオーナー様であること」だ。

韓国では「有銭無罪、無銭有罪」という。朴槿惠大統領も、この言葉を使っている。一三年四月二十四日の「法の日」記念式典での式辞で、「『有銭無罪、無銭有罪』のような恥ずかしい話が大韓民国でこれ以上、常用されないように皆さんが先頭に立ってほしい」と。

大統領がそこまで言っても、「有銭無罪、無銭有罪」の法執行はなくならない。検察官も裁判官も、俗に言う「スポンサー文化」にドップリと漬かっているからだ。

「スポンサー文化」とは、司法界を目指す優秀な学生に企業が資金を提供することだ。最初は「学資」、めでたく検事か裁判官に合格したら「捜査費の足し」とか「研究費」とか。

司法界は横の関係も縦の関係も連携が強いから、一人抱き込んでおけばいざという時にはコネからコネへで担当検事、担当裁判官に辿り着けるとしたものだ。

「有銭」のなかでも特別の「有銭者」が財閥の一族だ。ナッツ姫も爺も、秘密漏洩《ろうえい》で逮捕された監督官も、最終的には執行猶予だった。

サムスンの悪行三昧

「それらが事実としても、韓進は財閥ランク九位、ハンファは十位。二流の財閥の話だ」という人がいる。「サムスンの副会長はナッツ姫と同じく三世代目だが、本当に好人物の人格者で……」などと触れ回っている日本人もいるらしい。サムスンの〝秘密代理人〟だろうか。

そんな人に問いたい。

ソウルの名門中学校に、自分の息子を「社会的弱者」の特例入学枠を使って、さらに裏から手を回して内申点数や入試点数を工作して押し込んだのは誰だ、と。

サムスン財閥は、韓国一位の財閥だ。韓国の友人は、「その中核企業であるサムスン電子は韓国のではなく、世界の一流企業ですよ」と自慢する。しかし、その世界の一流企業はどれだけの特許訴訟を抱えているのか。その会社には「海外法務担当・社長」がいるというだけでお笑いではないか。

その世界の一流企業は、国内でも悪行を重ねている。

二〇一二年三月に、公取委の立ち入り調査を、バリケードを築いて阻《はば》んだ事件はすでに述べたとおりだが、その翌々日の朝鮮日報(12年3月20日)は「サムスンにとって韓国の法律は法律ではないのか」と題する社説を掲げて、こう書いた。

「サムスン電子がこれほどの横暴を働くからには、何か頼れる黒幕がいるのは間違いないだろう。これまで数十年間、政府が左右のどちらを向いていたとしても、議員や官僚、司法、学会など、この国の中枢部に『奨学生人脈』を送り込み、さらに韓国でトップクラスの法律専門家を確保することにより、サムスンは大韓民国の法律による規制を跳ね返す自信を得たようだ」

ここに出てくる『奨学生人脈』とは、「スポンサー文化」のことだ。

サムスンや韓進、あるいはハンファばかりではない。

「八月十五日の光復節(日本の植民地支配からの解放を記念する日)を前に、大韓商工会議所、全国経済人連合会（全経連）、韓国貿易協会、中小企業中央会の経済四団体は、大宇《デウ》グループの金宇中《キムウヂユン》元会長など、刑が確定した企業関係者七十八人に対する赦免《しやめん》を行うよう、大統領府に要請」（朝鮮日報10年7月24日）した。

商売では汚い競争をしている財閥が恩赦要請となると、ともに和して声を挙げる。政権はそれに応える。つまり、「財閥共和国」なのだ。

「サムスン、現代《ヒヨンデ》自動車、SK、LGの四大財閥の付加価値総額は国内総生産（GDP）の一〇％水準」（中央日報14年9月18日）という。四大財閥の総従業員数は労働力人口の二％ほどだろうが、ホワイトカラーもブルーカラーも高給を取っている。

財閥からの〝おこぼれ〟で、その他大勢の経済が回っているとも言える。財閥の威力は凄《すさ》まじい。が、その財閥とは、犯罪者が君臨する伏魔殿《ふくまでん》なのだ。

姫をスケープゴートに

今回のナッツリターン事件を、韓国政治のなかに位置づけてみよう。

明らかなことは、「秘線」（密会相手）問題で悩んでいた本丸の姫（朴槿惠大統領）は、いわば出城（大韓航空）のナッツ姫をスケープゴートにして、とりあえず逃げたのだ。

「秘線」問題とは、セウォル号沈没当日の「空白の七時間」疑惑の原点になる。

密会相手がいるとの噂は一四年春頃から、ソウルの情報通の間で囁《ささや》かれていたとされる。その噂の根源が、実は大統領府の綱紀担当部署が作成して外部に流出した内部監察文書だった。

その噂を採り上げたのが朝鮮日報の有料サイトであり、それを引用したのが産経新聞のソウル支局長だった。

これが「機密文書流出問題」として改めて大問題になったのは、韓国紙「世界日報」が一四年十二月、流出文書そのものをスクープしたためだ。「世界日報」の報道は「空白の七時間」には焦点を当てず、密会相手が大統領府の秘書官三人（いずれも朴槿恵氏が大統領に当選する前からの秘書で、韓国紙はしばしば「大統領府の門番三人組」という）とともに警察庁を含む中央省庁の人事に介入するなど、国政を壟断《ろうだん》しているとする内部機密文書そのものの紹介だった。

「世界日報」は資本で見れば統一教会系の新聞だが、当時、個別の事件に関する報道は統一教会のコントロール下にはなかったようだ。ちなみに、「日帝時代は良かった」と言った老人が撲殺《ぼくさつ》された事件をスクープしたのも「世界日報」だった。

「世界日報」の報道により、「機密文書流出」――つまり「やはり秘線が……」が改めて大問題になったのだ。

これに対する朴槿恵大統領の対応は――他の事例に比べて――極めて素早かった。

「流出した文書の内容は〝チラシ〟だ」

「しかし、大統領府から文書が流出したことは厳しく追及しなくてはいけない」

こう語った本人が崔順実《チエスンシル》に文書を流していた――韓国の大事件、大事故には常に「お笑い」がついて回る。

〝チラシ〟とはコリアン・ジャパニーズ（韓国流日本語）であり、「ウソばかり載せた怪文書」といった意味で使われる。

大統領発言は、まさに検察に対する指揮権発動だ。すでに触れたとおり、検察は奨学生人脈＝スポンサー文化にドップリの存在だ。

検事総長に隠し子がいることが判明し、済州島《チエジユド》の検事庁長が夜の街で女子高校生に〝わがイチモツ〟を披露（公然猥褻）していた事件が明るみに出るなど、不祥事続き。年末の世論調査では、「検察は信じられない」が六割超だった。

そこにナッツ姫が登場したのだ。

韓国の大学生は「財閥に入社したい」と思っているし、国民は「財閥から旨味のある仕事をもらいたい」と思っている。が、大学新卒者のなかで財閥に入社できるのは例外的存在。財閥に食い入って「旨味」を楽しめる業者も例外的存在。

だから財閥に憧れつつ、財閥を憎んでいる。

憎んでいる部分のほうが圧倒的に多い。検察はナッツ姫事件に飛びつき、「実はナッツ姫は……」「その妹も……」とリークを続けたわけだ。

「悪=財閥一族」の象徴であるナッツ姫を血祭りに上げることでもしなければ、もはや検察は浮かぶ瀬もない。それをすれば、大統領府の覚えもめでたくなる。もう「やらなきゃ損」みたいなものだ。

“本丸の姫”も逃げ切れない

朴槿恵大統領は、「経済民主化」「福祉充実」などを公約に掲げて当選した。

「福祉充実」は、「財源不足」で頓挫《とんざ》した。「経済民主化」も実績ゼロ。

であれば、ここで韓進ナッツ姫を火炙《ひあぶ》りにできることは、もっけの幸いだ。韓国の世論は、財閥批判はしても階級闘争には向かわないから、安心して火を付けられる。階級闘争に向かわないのはおそらく、この国の左翼が従北派で占められ、彼らは本質「王党派」だからだ。北の支配構造も南の財閥の支配構造も、李王朝の身分制度の引き移しという点で同じなのだ。南には、帝王型大統領の下に、財閥一族、高級官僚らの両班がいる。北には世襲の絶対王権の下に、党員という両班がいる。

ロウソク革命を煽る文在寅《ムンジェイン》氏は憲法改正に反対している。つまり帝王型大統領の権限を弱めようとする動きに反対しているのだ。自分がいずれ就くつもりでいる「大統領職」は帝王型でありたいのだ。

年が明けるや、検察はナッツ姫を起訴して、ほぼ同時に「文書流出」に関する中間捜査報告を発表した。

ここで保守系最右翼の「朝鮮日報」と最左翼の「ハンギョレ新聞」がほとんど同じことを書いていたのは、政権には衝撃だったろう。

朝鮮日報（15年1月6日）の「社説・国政介入疑惑、『文書は虚偽』で決着させるのか」と、ハンギョレ新聞（15年1月6日）の「朴大統領のガイドラインどおりに検察が文書流出捜査結果発表」だ。

一口で言えば、どちらも「朴槿恵大統領の指揮権どおりの検察発表など信頼できない」と書いているのだ。

本丸の姫は「とりあえず」逃げた。が、逃げ切れてはいないのだ。

韓国民の多くが「大韓航空機劇場」に目を奪われている間に、憲法裁判所は従北グループの統合進歩党に解散命令を下した。同党は、北が侵攻してきたら呼応して破壊活動をするよう呼びかけた極左政党であり、憲裁は憲法秩序の破壊を目指す政党は憲法の枠内での存在を認めないと判断したわけだ。しかし、同党は議席こそ一桁でも得票率が一割あったことは重い。

ロウソクデモを指揮する〝市民団体〟のなかに、旧統合進歩党の指導部が混じっている。一六年末、釜山の日本総領事館の前に慰安婦像を設置したグループを指導したのも彼らとされる。文在寅あるいは李在明《イジエミヨン》氏が帝王型大統領の座に就いたら、おそらく統合進歩党は復活し、左翼政権をさらに左に寄らす〝左翼バネ〟の役割を担うだろう。

第7章　ヤミ金で成立する韓国経済

朝鮮半島伝来の金融手法

韓国ツアーに行った日本人は、ソウルやその近郊のマンション群を見てビックリする。日本で住宅団地といえば、質素な色合いのコンクリートの塊がいくつも立ち並んでいる存在だし、超高級マンションといえば、大体のところはただ一棟が悠然と聳《そび》えているものだ。ところが、ソウル近郊には色鮮やかな外壁の高層マンションが林立――いや、漢字の感覚でいったら「森立」する新都市がいくつもある。値段は、日本よりいくぶん安い程度だ。

〝日経調の報道〟――例えば「世界に躍進する韓国経済に学ぼう」(10年3月4日社説)に飼いならされた日本人が、この高級マンション「森立」を見たら、「躍進する韓国経済」を実感して溜め息をつくだろう。

しかし、あのマンション群の五割以上は所有者と居住者が違う。つまり、個人が個人に賃貸している物件であり、その家賃の半分以上は半島型ヤミ金、すなわち後述する「私債」の原資になっているのだ。

さらに、主として二〇〇六年以降に建てられたマンション群の内部では、マンション価格の下落と住宅ローンの重圧により、中産階層のはずだった人々が一夜にしてホームレスになりかねない深刻な状況が続いている。いわゆる、家計負債の累増問題だ。

家計負債が語られる時に見え隠れする暗い影が、韓国経済の宿痾《しゅくあ》である「私債」だ。私債とは、朝鮮半島伝来の金融手法だ。新羅《しらぎ》王朝が、飢饉の時に庶民に雑穀を貸し与え、次の収穫の際に利子分を上乗せさせて返却させたあたりに起源があるのだろう。半島では、王朝が高利貸しだったのだ。

李王朝が消滅し、貨幣経済が行きわたると、それは高利資金の私的貸借となり、いつしか資金の出し手（金主）と借り手を仲介する専門業者が現れ、ヤミの、つまり脱税を前提とした金融手法として広く定着したのだ。

一九八〇年に発足した全斗煥《チョンドゥファン》政権は、私債をめぐる大型スキャンダルに幾度も見舞われた。同政権は私債業者を取り締まる一方で、「信用金庫を設立する場合は資金の出所を一切、問わない」と呼びかけた。呼びかけの対象は国民ではない。私債で膨大な資金を貯め込んだ私債長者や、私債の仲介で財を成した大物の私債業者だ。

「私債の陽性化」と呼ばれた措置だが、泣く子も黙る軍事政権をしても「資金の出所を一切、問わない」と建前としての「法治国家」もかなぐり捨てるような条件を付けなければならないほど、私債とは深い闇のなかの存在だったのだ。

当時と比べたら、私債の存在感は随分と落ちた。信用金庫、あるいは貯蓄銀行（銀行法に基づかない金融機関）の出資金に流れた部分がかなりあるのだ。さらに、貸金業として正式な税務登録をする業者が増えたためだ。

だから今日、私債業者と言えば、貸金業の登録をしていない「ヤミ金」業者だけを指す。ただし、「ヤミ金」業者が扱う資金だけが私債と思ったら大間違いだ。

貸金業者が看板の裏でしていることも「ヤミ金」だ。裏のほうが大きい場合もある。貯蓄銀行が私債部門に変則（不正）融資していることも公然の秘密だ。

しかし、私債の出し手として大きな比重を持つのは、やはり住宅部門だ。

アングラマネー大国の闇

韓国の住宅貸借には独特の制度がある。「チョンセ」という。漢字で書けば「伝貰」だ。

小規模店舗、戸建、マンションあるいは間借りにしても、借りる場合は、家主に借りる物件の時価の何割かに当たる金を渡す。二〇一〇年は五～六割だったが、一六年には十割の物件もあるほど、伝貰金は高騰した。

時価の十割とは、その物件を買える額だ。そんな金を渡して借りるとは……日本人は不思議になるが、伝貰金さえ渡せば、あとは毎月の家賃をビタ一文、支払う必要がないばかりか、引っ越すとなると、家主は入居時に渡した金を全額、返してくれるのだ。もちろん、インフレ分だけ目減りしている。家主にとっては儲けだ。

この貸借システムが伝貰だ。狭い意味では、入居時に家主に渡す金を伝貰と呼ぶ。

どうして、こんなシステムが成り立つのか。

ネットで「韓国　住宅　賃貸」と検索すれば、「家主は、その金（伝貰）を投資・運用することで、家賃に見合う収入を得るのです」などと〝愛情あふれる記述〟があるが、何のことはない、ヤミ金業者に金を渡して運用を委託するのだ。

家賃を毎月支払う方式もある。「月貰《ウォルセ》」と呼ぶ。伝貰を求める家主に「どうしても月貰で」と交渉すると、家主は伝貰金を年一〇％程度で運用しようと目論《もくろ》んでいることが分かる。どこに一〇％の運用先があるのか。私債だ。

自分が住む家のほかに、マンションの一区画を所有している――立派な中産階層。そうした善良な市民が、何のためらいもなく私債＝ヤミ金の出資者になっている。それほど、私債とは市民に〝おなじみ〟の存在と考えるべきなのか。それとも、韓国人社会そのものの遵法《じゅんぽう》意識の低さに着目すべきなのだろうか。

韓国の持ち家比率は全国では六割弱だが、ソウル市では四二・一%だ。そして地方では四割強、首都圏では五割強が伝貰とされる。韓国が大変なアングラマネー大国であることは間違いない。

いささか古い数字だが、韓国紙はこう報じている。

「国内の地下経済規模は、相変わらずGDPの三〇%に達するという……OECD加盟国のうち、最も高い水準だ」（中央日報08年1月17日）

信用不良者は私債頼み

では、私債業者はどのようにして収益を上げるのだろうか。

韓国は一九七〇年代後半の「漢江《ハンガン》の奇跡」と呼ばれた経済基盤の拡張期から今日まで、正規の金融機関が慢性的な資金不足状態にある。だから私債が巨大化したのか、私債があるから正規の金融機関が資金不足になるのか。どちらにせよ、正規の金融機関の低利資金は財閥優先だ。

そうしたなかで、韓国の産業界には「借金であれ、ともかく現金を確保しておくことが大切だ」という考えが根強い。

銀行の融資手続きを待っていられない企業が求める短期の資金（韓国語では「急銭」という）、担保不足で銀行から借りられない企業へのつなぎ資金、中小企業の運転資金、そもそも銀行から相手にしてもらえない〝やばい業界〟の設備資金などは貸金業、あるいは私債業者の得意とするところだ。

零細商人や個人もそうだ。多くの場合は、「信用不良者」として町の信用組合（セマウル金庫）からも借りられない人々だ。

学生もそうだ。韓国の大学進学率（短大、三年制の専門大学を含む）は、〇八年には八三・八％に達した。その後は下落が続いているが、韓国紙の表現を借りれば、「大卒でなければ人間扱いされない」という学歴を主軸に据えた身分制度文化が、やたら高い大学進学率の背景にある。

当然のことながら、親からの送金がない学生が大勢いる。アルバイトで稼ぐわけだが、病気になることもあるし、バイト先が倒産することもある。

そんな時は貯蓄銀行が貸してくれる。学生は担保がないだろうからと、年利二四%。アルバイト学生はたちまち行き詰まる。

すると、貸金業者が貸してくれる。ただし、年利は四〇%超。「苦学生から搾り取る悪徳貸金業界」との非難の声が巻き起こり、金融監督院の指導もあって、貸金業界は「学生向け融資はしません」と宣言した。

「金融監督院によると、貸金業者から融資を受けた大学生は四万七千九百四十五人。一年間に五七%も増えた。融資額も七百九十五億ウォンと四〇%増え、延滞金額も八〇%近く増えた。大学生の信用不良者は〇七年の三千七百八十五人から一〇年には二万六千人に急増した」(中央日報11年8月13日)

二万六千人──韓国の大学生の一%超は、卒業までに「信用不良者」になっている数字だ。貸金業界が大学生向け融資をストップしたら、金に困った大学生はどこに行けばいいのか。より利率の高い私債業者のところしかない。狂った社会の狂った措置としか言いようがない。

スーパーやコンビニの台頭で、在来型の市場には不景気風が吹きまくっている。特に、簡易店舗や屋台で営業する零細商人たちは厳しい。

そこで、市場専門の私債業者が登場する。標準的な貸借は、一千万ウォン借りると毎月二百十万ウォンずつ、十二カ月間返す。元利合計二千五百二十万ウォン。

もちろん、企業の倒産、個人破産の申し立て、あるいは夜逃げといった貸し倒れを見なくてはならないから超高金利になるわけだが、弱者ほどお得意様の脱税資金であることこそ、私債の本質だ。

そうした私債を、「先進国」を自称しつつ一向に絶滅できない国が韓国なのだ。

世界一の賭博中毒有病率

韓国の金持ちたち、あるいは中産階層は、なぜためらいもなく私債の金主になるのだろうか。

「偏見と独断」と非難されるかもしれないが、私は韓国人が「博打好き《ばくち》」であることが大きな要因だと見ている。

日本では、韓国政府が大汚職事件をきっかけにパチンコを全面禁止にしたことを過大評価して、「韓国は賭博がない国」といった見方があるが、とんでもない大嘘だ。「韓国文化観光研究院が〇八年に行った調査によると、韓国人の賭博中毒有病率、すなわち賭博による問題を経験した割合は九・五％」（朝鮮日報09年10月3日）で、世界一の高率だ。

この記事のなかで、賭博中毒予防治癒センター長はこう言っている。

「韓国人はカジノや競馬を〝レジャー〟としてではなく〝金もうけの手段〟として捉《とら》える傾向が強い」

同じく、同センターの専門相談員は、「老若男女を問わず、インターネット・ゲーム・サイトで賭博性の高いゲームを経験し、耐性が生じている」と分析している。

「韓国の違法賭博市場の規模は、五十兆～七十兆ウォンとされる。違法なオンライン賭博サイトは一千十九カ所、規模は約十二兆ウォンに達する。合法のスポーツ振興投票券の規模の六倍以上だ」（同11年12月24日）

韓国は「ＩＴ大国」と自称しているが、ネットの主流はゲームであり、その中核はオンライン賭博なのだ。

「韓国のデリバティブ（金融派生商品）の一一年の取引件数が三十八億一千九百万件に達し、全世界の取引件数の二七％を占め、三年連続で世界首位……リスクを避けるという本来の目的から外れ、ギャンブルの場と化してしまった格好だ」（同12年2月13日）

韓国には二十カ所ほどのカジノがあるが、「江原《カンウォン》ランドカジノ」を除いては外国人専用だ。かつては外国人専用カジノに入るために、韓国籍を捨て、外国籍を取っている韓国人がいた。

二〇〇〇年に韓国人が入れる「江原ランドカジノ」ができると、すぐに周辺に貴金属・宝石の買い取り店がいくつも建った。自動車買い取り業者も進出した。

そして、最後の賭けにも負けて、家にも帰れなくなった人々がカジノ周辺で「江原ホームレス」として暮らしている。

日本にもほどなく、こうした光景が出現するのだろうか。「日本も韓国のような国になるべきだ」と、はしゃいでいた親韓派は大喜びするのだろうか。

日本が健全な国家として生き残っていくには、あらゆる面で、「日本の韓国化」を防がなくてはならない。

「金儲けのための賭博好き」と同じ脈絡《みゃくらく》にあるのが不動産、とりわけ住宅に対する投機なのだ。そして、投機目的で得た住宅を一時的に貸すことで手に入れられる伝貰が私債の原資になるわけだ。

韓国では、私債の金主の行動を「サチェーノリ」と言う。「私債遊び」という意味だ。

どの業者にいくら委託するか、あるいは全くの個人間で誰にいくら、何%で貸すか。常に業者の持ち逃げ、個人的に貸した相手の夜逃げなどのリスクが伴うわけだが、これが賭博好きの国民のなかでは一種の「ノリ」(遊び)なのだ。

家主が、確実な「月貰」よりも、危険がいっぱいの「伝貰」を要求するのは同じ流れだ。それでもソウルで「月貰」が少しずつ増えているのは、時価の十割にも近い一時金を借り入れることができない層が増えているからだ。安い住居(間借りを含む)は月貰が多く、高い住宅は伝貰の比率が高い。

非正規雇用が五割超!

韓国では、住宅価格とは常に右肩上がりするものだった。だから、まとまった金ができれば、銀行から住宅担保のローンを借りて住宅を買い、伝貰で貸し出し、私債の利息を手に入れるのが、金持ち層の常識だった。

何年かして住宅を売れば、銀行への支払利子を含めて計算しても、大きな差額が手に入る。そして、改めて前より高価な住宅を買い込み……上手くいったら二軒でも三軒でも住宅を転がす。韓国語で「福夫人《ボクプイン》」と呼ばれる人たちの典型的な行動だった。

ところが、リーマンショックを何とか乗り切ったあたりから、住宅価格が時として静かに下落するパターンが見られるようになった。そして、リーマンショック後は雇用構造が劇的に変わった。新規雇用者の中で、低賃金の非正規雇用の割合が五割を超えたのだ。

李明博政権はリーマンショックによるウォン暴落を、まさに奇貨《きか》としてウォンを安値圏に張り付ける為替操作をすることにより、輸出主導による絶好調景気を実現した。日本の民主党政権が一ドル＝八十円台の異常円高に手をこまねいていた時代だ。

しかし、米国は韓国の為替操作を見逃さなかった。朴槿惠政権になると、もう露骨な為替操作はできなくなった。

韓国は輸出依存率が五〇％近い（日本は一〇％台半ばの内需大国だ）。ウォン安の崩壊は輸出不振に直結する。

そして、韓国にとって最大の輸出先だった中国は、家電、造船、自動車、鉄鋼、石油精製などの分野でグングンと国産化率と性能を上げ、完全な競合国に転じた。サムスンのスマホも、中国の一六年販売台数統計では「その他のメーカー」に一括《ひとくく》りされるほど落ち込んだ。

加えて中国は一六年中盤から、高高度ミサイル防衛網（THAAD）の韓国配置決定に対する報復戦術に出てきた。ハイブリッド車向けの韓国製リチウムバッテリーがどうしても中国当局の認証を得られないのは、その典型だ。

一五、一六年と連続して韓国の輸出は前年を割り込んだ。五十八年ぶりのことだ。そうしたなかで朴槿惠政権が進めた政策は、国内住宅投資の刺激策だった。住宅向けローンの金利を下げて、不動産バブルを煽ったのだ。

銀行金利の低下は、私債の金利低下に直結する。伝貰を私債に回して収益目標を達成しようとする家主は、伝貰を値上げする。住宅時価の十割にまでなっては、伝貰で借りるより、無理をしてでも買ってしまおうという人が出てくる。ちょうど住宅ローンが借りやすくなっている。

こんな流れで、韓国は再び「不動産バブル大国」に戻った。そして一五年の国内総生産（GDP）成長率への寄与度の半分以上は、住宅となった。

が、気が付けば、一六年末の家計債務は一千三百兆ウォンに達している。この数字は銀行、貯蓄銀行、信金・信組の貸出額であり、私債は含まれていない。韓国政府は慌てて住宅向けローンの審査基準を厳しくした。

すると、一七年一月の分譲予定マンション戸数は前十二月の三分の一に下落した。住宅建設での成長は期待しがたくなった。

そして米国の利上げだ。

米国に倣《なら》って利上げしたら、利払いをできない家計が続出する。米国の利上げが続いても韓国が据え置いたら、外資の流出―ウォン暴落となり、対外債務の償還に支障が出かねない。

韓国型公憤である「ロウソク革命」の熱気が冷めやる頃、「闇金大国」の国民が得るものは何なのだろうか。

第8章

韓国人は世界一の嘘吐き民族だ

韓国人を端的に示す四字熟語

《外華内貧》とは、朝鮮半島で創作された数少ない四字熟語の一つだ。意味は漢字を見れば、一目瞭然だろう。

「ボロは着てても心の錦、どんな花よりきれいだぜ」――水前寺清子《すいぜんじきよこ》が歌っていた「いっぽんどっこの唄」の心とは全くの逆。つまり、中身はボロでも構わないから、外側だけはピカピカに飾り立てたいというマインドだ。

私は、この四字熟語ほど韓国人とは何たる者かを端的に示す言葉はないと考えている。

「韓国人は息を吐《は》くように嘘を吐《つ》く」と言われる。私は、一九八〇年から五年間のソウル特派員としての取材活動、さらにその後の韓国人との付き合いを通じて、彼らは本当によく嘘を吐くと思っている。

私の見立てが正しければ、彼らが吐く嘘の大部分は、《外華内貧》のマインドから発している。

私が最初に「嘘吐きの民」を実感した体験を紹介しよう。

八〇年の春のことだ。

六十歳代前半の韓国人男性と昼食をとった。焼きソバのようなものだった。

彼は、「私は両班（貴族）の出だ」と言った。この言葉は当時、韓国の高齢男性にとっては、初対面挨拶の定型句のようなものだった。すでに、何人もの韓国人から「私は両班の出」と聞かされていた。

「またか」――彼は私の冷笑を見て取ったのかもしれない。

彼は焼きソバ風の麺を盛った皿が届くや、「私は両班の出なので、どうしても豚肉を食べられない」と言い始めた。そして、口に一度含んだ豚肉を「ペッ、ペッ」と店の床に吐きだした。

豚肉を箸で摘《つま》んで皿の横に除ければよかろうに、ガバッと頬張っては「ペッ、ペッ」だ。

旧宗主国の食事〝不〟作法と全く同じだ。

それから数カ月後、今度は夜、彼と酒を飲んだ。

かなり酔った彼は、「どうしても一度、うちに来い」と言う。

行ってみた。そこそこのマンションだった。再び飲み始めてからしばらくして、夫人がサムギョプサル（豚の三枚肉）の炒め物を持ってきた。

もうヘベレケの彼は、天井を向けて開いた大口にサムギョプサルを運び、モグモグしながら「旨いよ、あんたも食いなさい」。

「両班の出」であることが嘘なのか。それとも、「どうしても豚肉を食べられない」だけが嘘だったのか。私は早々に辞去したが、本当に呆れた。

もしも私が、「あなたは両班の出だから、豚肉はどうしても食べられないのではなかったのか」と詰問していたら……。彼はきっと、「いや、これは済州島《チエジユド》で育てた特殊な豚だ。この豚だけは食べられる」とでも言い、済州島産の特殊な豚の飼育方法について滔々《とうとう》と弁じ始めていたことだろう。決して嘘だったとは認めないのだ。

嘘だったと認めて謝ること――それは彼らからすれば、《外華》のマジノ線である「体面」すらも失うことだ。だから、韓国人は謝らない。

逆に他人に対しては、謝らせたくて仕方がない。そもそも嘘である「従軍慰安婦」を問題にして、日本に執拗《しつよう》な謝罪要求を続ける背景には、こうした国民的体質がある。

「アメリカは奴隷という言葉に敏感だ」と見れば、何の新証拠もないのに、平気で「従軍慰安婦とは、実は性奴隷だった」と嘘の上塗りをするのだ。

本筋に戻ろう。仮に私が「彼は両班の出だ」と信じたとしたら、彼に何の得があるのか。

精神的な満足だけだろう。しかし、それが彼にとっては大変な喜びなのだ。つまり、「両班の出であること」は、彼にとって輝かすべき《外華》だ。それを輝かせて見せるためなら、顔をしかめて「ペッ、ペッ」の演技も厭《いと》わないのだ。

しかし、ある人間に語った嘘が嘘とばれないように情況を保ち続けることは、特にしばしば顔を合わす関係では非常に難しい。

彼のように、酒に酔って自爆することもある。事情をよく知っている第三者が同席していることもある。

嘘に嘘を重ねてきたが、ついに自縄自縛《じじようじばく》に陥《おちい》る韓国人を私は何人も見てきた。バレた瞬間、彼らは興奮して、さらなる見え透いた嘘の説明を始めるか、居合わせた人にとんでもない言いがかりをつけて怒り出すか……ともかく、嘘だったことは決して認めないのだ。

「嘘の顔」をつくる美容整形

《外華内貧》のマインドに基づく典型行動が「嘘の顔」をつくること、即ち、現代韓国の国技たる「美容整形の手術」を受けることだ。

「朝鮮日報」が整形外科医を動員して、有名百貨店のレジ前、ディスカウントショップのレジ前、有名女子大の図書館の入り口で、二十～五十歳代と思われる女性の目と鼻を判定させたことがある。

延べ九人の整形外科医が一千八百人を見て、四六％を「整形済み」と判定した（「追跡取材……韓国女性、二人に一人は整形」09年12月22日）。

この記事が出てからすでに七年余、「整形済み」の比率は、増えることはあっても減っていることはないはずだ。男性の整形比率は女性の一割程度の比率とされていたが、朝鮮日報（17年1月2日）は、除隊間近の兵士が休暇を利用して美容整形をする例が増えていると伝えている。

今日の韓国には、五千を超える美容整形外科があるという。その設備投資、医師・看護師・事務職員までが豊かに暮らしていくには、相応の来院者がなければならない。

ところで、韓国人は日本人に対して「わが国は儒教の国だ」と胸を張る。「だから我々のほうが民族として優れているのだ」と彼らは言いたいのだが、とぼけて「では、儒教で最も大切な価値は何ですか」と尋ねてみよう。

十中八九、「孝道」と答えるだろう。「身体髪膚《しんたいはっぷ》、受之父母、不敢毀傷《きしょう》、孝至始也」（身体髪膚、これ父母に受く。敢えて毀傷せざるは、孝の始めなり）と孔子は説いている。

美容整形の手術を受けるとは、父母から頂いた身体髪膚を自ら進んで毀傷することではないか。何が「儒教の国」であるものか。

もっとも、これは「儒教の国という謳《うた》い文句も嘘」とするよりは、「世界屈指の高学歴国家」という韓国の誇りと、韓国人一般が「身体髪膚、受之父母……」と説く儒教の名言も知らない現実とのギャップの問題として捉《とら》えるべきことかもしれない。

嘘は李王朝時代からの伝統

韓国人が我も我もと大学に進学し、そして留学し、世界断トツの「留学大国」になっているのは事実だ。韓国政府の公式統計によれば、一二年の場合、国民の〇・六％が「留学中」だった。

しかし、これも多くは《外華》のためだ。

異様なまでの学歴崇拝と病的な職業貴賤《きせん》意識が複合して、韓国は法に基づかない身分差別国家の様相を呈している。

簡単に整理すれば、▽大卒以上＝ホワイトカラー＝高収入▽高卒以下＝ブルーカラー＝低収入――という社会構図だ。

ところが、大学を卒業しても、その六割ほどしか就職できない状況がここ十年ほど続いている。ちなみに、一二年の新規大卒・大学院卒者の就職率は五九・五％だった。このうち四割以上は非正規職だろう。

韓国人が「サムスンは……、現代《ヒョンデ》自動車は……」といくらお国自慢を述べたところで、国全体の産業基盤は労働市場への新規参入者を吸収するだけの拡大がないのだ。そうしたなかで、「大卒プラスα」の《外華》が「留学経験あり」というわけだ。

しかし、米国の有名大学に入学できるのは、ごくごく少数だ。米国には韓国人留学生を専門に受け入れ、韓国語で講義するという得体の知れない大学もある。

もちろん、そんな大学の卒業証書は《外華》にならない。そこで、有名大学の偽造卒業証明書を買う。米国に二年か三年、生活していたのだから、並みの韓国人よりは英語を上手く話せる。それだけを唯一の武器にして、「米国の有名大学卒業者」として就職活動を繰り広げるのだ。

就職浪人大国では、就職のための嘘＝学歴詐称など、当たり前のことに属する。

ある日本企業のソウル事務所長は、「米国留学帰り」の応募者が来るたびに、「米国の田舎に遊びに行った際に不可解に感じたことを英語で話してください」と求めた。全員が「留学中に田舎には行かなかった」と答えたそうだ。

一一三年三月十一日に執り行われた東日本大震災の慰霊式には、世界百四十カ国の代表が参列したが、中国と韓国は欠席した。

中国の場合は台湾の扱いを不満としたためだが、韓国は「事務手続き上のミス」と釈明した。「見え透いた嘘」と感じる日本人が多いだろうが、韓国のSBSテレビが「事務手続き上のミス」の内容を報じた。

曰《いわ》く、「ファックスが英文で来たため、職員は重要なものと思わなかった」。大使館の職員が英語も読めないのか。まさか。

しかし、こんなこともあった。

韓国の外務通商省は〇八年十月に韓米FTA批准《ひじゅん》同意案の審議のため、韓国語版協定文を国会に提出したが、一一年六月になってから「誤訳百六十六件、文法の誤り九件、翻訳漏れ六十五件、一貫性欠如二十五件、固有名詞表記の誤り十三件」があったとして訂正した（聯合ニュース11年6月3日）。

韓米FTAは時の最重要案件だった。誰が翻訳し、誰が国会提出前の校閲をしたのだろう。外通省には米国の大学を卒業した秀才がゴロゴロいることになっているのだが……。

これに先立つ一〇年九月の国会では、与党の議員が「最近三年間の外務公務員特別採用合格者現況を分析した結果、特別採用の合格者百九十人のうち八十一人が採用公告で要求した関連分野の経歴や語学能力を持っていなかったにもかかわらず選抜された」（東亜日報10年9月8日）との事実を公表した。

その時点で、過去十年の特別採用者は四百人とされた。一二年九月時点で、韓国外交通商省の職員は二千二百人弱。このうち、〝まともな入省者〟はどれくらいいるのだろうか。

駐日大使館の職員が英語を解せず、ファックス通知文を捨ててしまったというのは本当なのかもしれない。

公務員や大手財閥はもちろん、中堅企業の入社試験でも応募者が学歴・経歴を嘘申告するのは「当たり前」のことに属する。そして嘘と知りつつ、金を貰って合格判定する採用担当者がいる。これは李王朝時代の科挙からの伝統だ。

頻発する高速鉄道事故

嘘の発生源になる《外華》重視は、個人に限らない。企業も自治体も政府も同じだ。韓国の高速鉄道ＫＴＸは、頻繁に故障し、事故が多い。

フランス直輸入の車輌（ＴＧＶ）は、財政難から部品交換の期日を延伸させているための故障が多いようだ。そして、ＴＧＶを独自改良した「山川《サンチヨン》」と呼ばれる国産車輌は、故障・事故が起きても「原因不明」の場合がある。

脱線事故を起こしたあとに組織された民間鉄道安全委員会の点検報告書は故障・事故頻発の理由として、①レベルの高い技術力を蓄積する期間が短かった②技術力が不足しているにもかかわらず、十分な試験と試運転が行われなかった③専門技術人材を養成する必要がある――と指摘している。

もう現物が走っているのに、「専門技術人材を養成する必要がある」とは、どういった実態が背後にあるのだろうか。

要は、システムの深奥《しんおう》部分に関する理解が不足している。したがって、重要部品は国産化できない。故障しても、そのメカニズムが分からないのだ。

それでも、ピカピカ輝く新型「山川」が走れば、関係者は「国産化成功、万歳、万歳」。この場合、「国産化成功」とは国民を騙す嘘だ。それなのに、「万歳、万歳」。《外華内貧》の嘘吐き大国ならではの光景だ。

韓国政府が「グリーン強国」と称しているのも、《外華内貧》マインドに基づく大嘘だ。実態は二十一世紀になっても続いている産業廃棄物（一部に人糞も含むとされる）の「海洋投棄大国」であり、浮遊粒子状物質平均濃度が東京の三倍近く、GDP当たりのCO_2排出量は日本の二・八倍だ。

それなのに、開発途上国に向かっても国内に向かっても、韓国の政府とマスコミは「グリーン強国」と言っている。まさに、《外華》のためなら嘘を吐くことを厭わず、《内貧》は語らずだ。

合成造語「ウリジナル」

「ウリジナル」とは、韓国語の一人称主格・所有格である「ウリ」と、英語の「オリジナル」を基とする合成造語だ。

韓国人が優秀な文物、技術を見るや「韓国が発祥の地である」「韓国人が考え出した」と言い始める〝嘘吐き癖〟を揶揄《やゆ》する言葉だ。「文化的に誇れる物がない現実への反動」といった分析が、日本では一般的なようだ。

大体は、「大学教授」の肩書を持つ人物が古書の字面を牽強付会《けんきょうふかい》して、「日本の武士道は、実は新羅に起源があることが分かった」などと始める。「業績のない教授の売名行為」とも見られるわけだが、私はある時、知識レベルの低さが新たなウリジナルを生んでいることを知った。

韓国人の姓について調べようとネットを見ていて、「ソウルナビ」という韓国発信の日本語サイトに辿り着いた。「統計で見る韓国／韓国の姓と本貫《ほんがん》」というページだった。ダイレクトクォートできるような権威はないが、それなりに役立つ情報が多かった。しかし、最後にこうあった。

――（ひと昔前は）自分と同じ親族だとわかると、悪いこともまるく円満に収まるようお互いが助け合ったそうです。まさに「血は水よりも濃い」という韓国の昔からの言葉がピッタリ――。

韓国の学歴崇拝文化構造と就職難の状況からすれば、サイトにこの文章を書いた人は大学か大学院卒業者だろうに、「血は水よりも濃し」が英語の「Blood is thicker than water」の翻訳であることを知らないのだ。こうして作り出されていくウリジナルもあるのだ。

いや、もしかしたら、ずっと前から韓国人一般は「血は水よりも濃い」を「韓国に昔からある諺《ことわざ》だ」と信じ込んでいたのかもしれない。

だとしたら、「血は水よりも濃いは韓国の諺だ」と主張する韓国人は嘘を吐いているのではない。高学歴社会なのに低レベル知識社会である国の犠牲者となろう。

嘘は罪にならない

「韓国で二〇一〇年に偽証罪で起訴された人は日本の六十六倍、日本の人口が韓国より二・五倍多いことを勘案すれば百六十五倍に達する。

誣告《ぶこく》事件（他人に刑事処分や懲戒処分を受けさせる目的で、偽りの告訴・告発などをする事件＝筆者註）は日本の三百五倍、詐欺事件は十三・六倍だ」（朝鮮日報12年3月16日「嘘つき政治家と、嘘をつく国民」）

これは、一二年四月の韓国総選挙を前に、与野党が到底、実現できない福祉公約を次々に打ち上げている状況を批判した論説の一部だ。執筆者は朝鮮日報社の主筆だ。

私には、韓国言論界に残る良識を示す論説と思われるが、同社の日本語サイトに、この記事はアップされなかった。

翻訳担当部署は、「この記事は日本人に読まれたくない」と思ったのだろうか。だとしたら、「いまさら抑えても……」という感じがする。

同紙はこの九年も前に、「日本の六百七十一倍も偽証が氾濫《はんらん》する韓国の法廷　韓国人は世界一の嘘吐き民族」（03年2月13日）という記事を日本語サイトにアップ済みだからだ。

非保守系のメディアもこう伝えている。

「韓国法務省によると、二〇〇〇年基準で韓国の誣告事犯は日本の一千四百八十三倍。人口を考慮すれば可罰性がある誣告犯行発生率は日本の四千百五十一倍に達する」（夕刊ネイル05年4月10日）

これらの記事に出てくる偽証、誣告事犯の対日倍率に大きな差があるのは、日本側の発生件数、つまり計算上で分母に当たる数字がほとんど一桁台で推移しているためだ。

したがって、「日本の四千百五十一倍」といった数字だけが跳ね回ってはならない。要は、保守系硬派の一流紙が「韓国人は世界一の嘘吐き民族」と悲憤慷慨《ひふんこうがい》するほどの法廷での実態があり、その背後には「私たち（韓国人）の習慣的な嘘」の日常がある——ということなのだ。

韓国の新聞に、ここまで載っている。韓国とはまさに、「嘘吐き大国」「嘘吐き天国」なのだ。

ところが、韓国に長く駐在した日本人商社員らが、日本の公の場で「韓国の実態とは嘘吐き天国です」とでも言おうものなら、たちまち「人権」の看板を掲げる団体から執拗な追及を受けることになる。

だから、ネットの匿名世界で語るのがせいぜいで、誰も大声では語ろうとしない。

こうした不自由さを突き崩していくことこそ、日本人のグローバル視力を高めることになるはずだ。

第9章 ナチスを上回る世界一の差別大国

「構造的な超差別社会」

この原稿を書く前に、ウィキペディアの「差別」を見た。それで、日本が国連人権委員会という権威ある組織から「差別が〝根深く深刻な〟国であり、〝精神も思考も閉鎖的〟な社会だ」と指摘されていることを知り、びっくりした。

しかし、〝根深く深刻な差別の国〟の民である私から見ても、韓国とは驚くべき「差別の王国」だ。

韓国人による韓国人に対する差別、半韓国人（中国の朝鮮族、脱北者、在日韓国・朝鮮人）に対する差別、そして外国人に対する差別……様々あるが、今日の韓国社会を特徴づける差別は、職種に対する強烈な貴賤《きせん》意識と学歴崇拝主義が一体となり、事実上の身分制度を形づくっていることだ。

端的に言えば、大学（院）卒業者＝ホワイトカラー（研究職、事務職）であり高収入。高卒以下＝ブルーカラー（下級事務職、生産職、販売職、雑役職）であり低収入——という社会構図だ。

韓国人勤労者の月平均給与は、百万ウォン（六万三千円）以下が一三・九％、百万～二百万ウォン以下が四〇・四％。つまり、給与所得者の半数以上（五四・三％）が月二百万ウォン以下（朝鮮日報12年6月5日「本紙、労働者一千七百三十一万人分析」）という状況がある（一一年十～十二月基準）。

その一方で、「就職サイトが売上高上位五百社のうち百八十社を対象に実施した調査によると、一一年の大卒初年度の年俸は平均三千四百八十一万ウォンだった（注＝月二百九十万ウォン）」（聯合ニュース12年1月16日）という事実がある。

つまり、勤労者の半分以上は月二百万ウォン以下しか貰っていないのに、大学を卒業して大企業に入れば、はじめから月二百九十万ウォンを手にできるというのだ。

そして、取締役に昇進すれば年収は二億ウォン以上。運転手付きの専用車が与えられる。上り詰めてサムスン財閥の副会長クラスにでもなると、年収百億ウォン超。他にストック・オプションがある。

こういう産業社会を「格差が大きい」と形容するのだろうか。私には「構造的な超差別社会」としか思えない。この国に、マルクス・レーニン主義が蔓延《まんえん》しないことは「世界の七不思議」に入れてよい。

この国の左翼とは「王党派」、すなわち北朝鮮の世襲王朝への讃美・追随者であり、固定的身分差別を容認しているのだ。マルクス主義とは、縁もゆかりもない。

李王朝時代の価値観を踏襲

実は、韓国産業社会のこういう社会構造は、朝鮮李王朝からの引き写しだ。

李王朝は「両班《ヤンバン》（貴族）―中人《チユンイン》―常民《サンミン》―奴婢《ノビ》―白丁《ペクチヨン》（被差別民）」という世襲身分制度の国だった。

両班は身の回りのことも含め一切の労働をせず、机に向かい儒教の経典を読むことが、いわば仕事のすべてだった。中人とは、宮廷に勤める天文学者など特殊限定的な身分だ。常民はほとんど全員が農漁民だった。日本が進出するまでの半島は自給自足経済だったから、職人や商人は例外的存在だったのだ。

そして、奴婢はほとんどが両班家に所属する農奴だ。力仕事、汚れる仕事の担い手だった。彼らが、主人たちの食べ残しを雑穀飯の上に広げ、かき混ぜて食べたものが「ビビンバ」だ。仏僧や妓生《キーセン》も身分としては奴婢だった。

階級としての両班は、権力と富を独占していた。しかし、個々の両班が官職に就くためには科挙《かきょ》に合格することが必須条件だった。

彼らは科挙に合格するため机に向かい、合格したら今度は限られた数のポストを得るため、派閥をつくっては礼学論争《れいがく》を繰り広げ、礼学論争で勝つためにまた机に向かったのだ。そして、時に領地の農民、奴婢の前に姿を見せ、指図をする。そうした両班の姿を常民、奴婢は「理想の生き方」として見ていた。

学識がある偉い人は机に向かい、学識のない卑《いや》しい民は汗と泥に塗《まみ》れる仕事をするのが当たり前という李王朝時代の勤労に関する価値観。それが、そのまま今日の韓国社会に踏襲されているのだ。

世襲の身分制度がなくなった今日は、大学さえ出れば両班になれる——そう庶民が気付いた時から、韓国は異様な教育熱国家になり、大学進学率が七〜八割にも達しているのだ（韓国の大学進学率は短大、三年制の専門大学を含み、その年の高校卒業者数を計算の分母にしている。日本は十八歳年齢人口で計算）。

韓国の不幸は、年々の大卒者拡大に対して、高度な産業化の枠組みが全く追いつけずにいることだ。

「人間扱いされない存在」

一九七〇年代、韓国の大卒はまさにエリートだった。社会構成員の一割にも達していなかったろう。ところが、八〇年代中盤から大学進学率は急騰した。二〇〇八年には八三・一％。もう大学卒業者の半分しか、すぐには職に就けない。めでたく就職できたとしても、その半分近くは非正規職だ。二百九十万ウォンの初任給を手にできる大卒者とは、大手財閥系に入社できたほんの一握りの存在なのだ。五大財閥にしても、その従業員数は、韓国の勤労者数の二％に過ぎない。

状況は、李王朝の両班が科挙に合格しても、ほとんどが官職に就けなかったのと似ている。

両班は食べていけるだけの土地と奴婢を抱えていたが、今日の大卒浪人はそうではない。ただ、「自分は大卒者、昔で言えば両班」といったプライドだけは高いから、奴婢がするような仕事――汗と油に塗れるような生産職には就こうとしない。

朝鮮半島の諺《ことわざ》は言う。「両班は溺れても犬掻きはしない」と。

大卒浪人は、アルバイトをして一合七十円ほどの焼酎を飲み、カップラーメンを食べながら、いつまでも大卒者に相応《ふさわ》しい仕事を探すのだ。

エリートとは少数でなければ成立しない。ところが、大卒者が同世代の大部分を占めるようになってしまった。〝ただの人〟になった大卒者が、非エリートへの差別意識を高めるのは自然の流れなのかもしれない。

韓国紙「朝鮮日報」が、「追い詰められる大学生」という特集を組んだのは一一年三月のことだった。大学進学率が七割を上回るというのに、大学を卒業しても半数は就職口がない現状をルポした特集だったが、本文の主見出しは「大卒以上でなければ人間扱いされない」だった。

つまり、今日の韓国で高卒以下は、収入の面でも社会的待遇の面でも彼ら自身の意識としても、「人間扱いされない奴婢みたいな存在」なのだ。

中小メーカーは人手不足

ソウルで生活していれば、そうした「奴婢みたいな存在」の人に、大いに世話になることがある。

ちょうど頃合いもいいので「一杯飲みに行かないか」と誘うと、彼らは大喜びする。こちらとしても、酒を飲んで彼らの話を聞くことは、たいへんに取材価値が高い。彼らは店に入る手前で、申し合わせたように同じことを言う。「私の仕事のことを（ホステスたちに）話さないでください」「あなたの部下ということにしておいてください」などと。

汗と油に塗れる仕事をする韓国人は、私が知る限りでは、いじけている人が多い。いじけていなくても、その職業で「プロ」、さらには「匠《たくみ》」と呼ばれる存在になろうとは微塵《みじん》も考えていない。

中小メーカーの生産現場は、常に人手不足の状態だ。人手不足でいながら、給与は安い。いまや、日給制の非正規職か外国人労働者がほとんどを占めている。

「ちょっと気に入らないことがあった」「工場長が口うるさい」といった理由で、彼らはすぐに辞める。同じぐらいの給与の職場なら、どこにでもあるからだ。

いささか古い記事データで恐縮だが、状況が急変しているわけではないので紹介しよう。

「入社一年以内に会社を辞めた〝超短期退職者〟の比率が三〇・一％に達していた。……

また統計庁の『〇六年青年層経済活動人口追加調査』でも、青年求職者の六八・九％が二

年以内に初めての職場を辞めていた。三年以上一つの職場に勤めた比率は一八・三％に留まった」（朝鮮日報07年5月21日）

これはホワイトカラーもブルーカラーも含めた数字であり、ブルーカラーの職場回転はさらに速い。ノウハウを蓄積するどころか、工作機械のマニュアルも覚えきれないうちに次の職場に移るのだ。

額に汗する仕事そのものを蔑視し、そうした仕事をする人を露骨に軽蔑し、そしてそうした仕事に携《たずさ》わる人自身も、自分の職業に何らの誇りも持っていない――これが、朝鮮半島の歴史が作り上げた産業文化の底流だ。彼らが作る半製品、部品が精度に欠けるのは、差別の文化の帰結なのだ。

極端な全羅道差別

金大中が大統領になるまでは、全羅道《チョルラド》地域（後期百済《くだら》の中心領域）に対する差別も凄《すさ》まじかった。これは高麗《こうらい》王朝の始祖、王建《ワンゴン》が残した「訓要十条」に基づく。

王建はこのなかで、旧百済地域からの人材登用を戒めたのだ。高麗、李朝を通じて、全羅道の両班はほとんど官職に就けなかった。そして、朴正熙―全斗煥―盧泰愚―金泳三と続いた慶尚道《キョンサンド》（中期新羅《しらぎ》の本拠地）出身の大統領時代に、官民・軍警ともに慶尚道優位の資源配分（ポストも財政も）が続くなかで、全羅道差別は極《きわみ》に達した。

もともと「異民族」のように扱われていた済州島《チェジュド》（因《ちな》みに新羅、百済とは全く違う建国神話を持ち、方言も強い）出身者も同様だった。

私がソウル支局の女性秘書を公募した折には、親しく付き合っていた警察官からこんなアドバイスを受けた。

「全羅道と済州島の出身者は雇ってはいけませんよ。どんなに優秀な人間であっても、お宅の支局そのものが損をしますから。残念ながら、こういう国なのです」と。

金大中政権の誕生以降、露骨な全羅道差別は影を潜めた。が、慶尚道と全羅道の対立意識は強く残っている。

財閥を見ても、全羅道系の影は薄い。

一九八〇年代初頭、当時の全斗煥政権の下で、とりわけ権勢を振るっていた三人の大統領秘書官に高級ルームサロン（いわば洋風妓生料亭）でごちそうになったことがある。

その時、一人の秘書官が言った。

「在日韓国人が、日本で差別されるのは当たり前ですよ。なにしろ、在日は大部分が全羅道か済州島の出身者なのですから」と。

彼は「慶尚道の人間が日本に行っていたら、日本の在日韓国人差別問題は起こらなかったでしょう」とまで言っていたが、そうだろうか。

しばらくあとになって、テレビのニュースでこの秘書官が、「日本の在日韓国人差別政策に抗議する」との大統領談話を代読している姿を見た時には思わず吹き出してしまった。

韓国本土で、「慶尚道優位・全羅道蔑視」が続いていた時代、慶尚道出身の在日韓国人も、出身地だけのことでエリート意識を持っていたようだ。

慶尚道出身で在日の中小企業経営者が、「全羅道出身の女などに、うちの敷居を跨《また》がせないぞ」と、息子を怒鳴りつける場面に居合わせたことがある。

「差別されている」と訴える集団もまた、明らかに差別を内包していたのだ。

「半韓国人」への待遇格差

そもそも、秘書官の言葉からも窺《うかが》えるように、韓国では在日韓国人そのものが差別の対象だ。

もちろん、日本人も差別の対象だ。

金を落としに来た日本人観光客が、露骨な差別を受けることはまずない。しかし、土産《みやげ》物店や有名な飲食店で韓国人のふりをして聞き耳を立てていれば、韓国人の従業員同士はしばしば、「倭奴《わど》」（本来の発音はウェノ）、「チョッパリ」と言っている。

どちらも、日本人に対する侮蔑・差別語だ。

「チョッパリ」とは、〝足が割れた奴〟の意味で、日本人が下駄を履いた時の足の形は豚の蹄《ひづめ》のようだとするところから生まれた近代の造語だ。

それで在日韓国人は「半チョッパリ」と呼ばれる。

「半チョッパリには詐欺師が多い」とは、ソウルよりも釜山《プサン》でよく聞かされた話だ。

「半チョッパリ」になぞらえれば、脱北者や中国籍の朝鮮族は、さしずめ「半韓国人」となろうか。彼らもまた、激しい待遇格差と侮蔑の声のなかに曝《さら》されている。

韓国に住む外国籍者は、一六年六月末で二百万人を超えた。うち半数が中国籍で、その七割が延辺《えんぺん》などに住む朝鮮族だが、「主に、建設現場の日雇い労働者、小規模工場や養鶏場の作業員、飲食店補助スタッフ、家政婦など、最下層の仕事に従事している。彼らがいなければ、工場や飲食店、工事現場は立ち行かないほどだ」（朝鮮日報12年4月11日）とされる。

つまり、韓国人が嫌う3K業種を担っているのだ。そもそも、朝鮮族の就労を受け入れる法的根拠である「訪問就業制度」とは、〇七年三月に韓国の3K業種の〝活性化〟を目的に創設されたビザ制度だ。

政府が「3K業種要員専門」のビザをつくるところからして、韓国の人権感覚は日本人とは全然違う。朝鮮族は、賃金は安いし、労災関係の補償も曖昧《あいまい》だ。

ところが、3K業種で働く当の朝鮮族からは「韓国での待遇を考えると中国に戻って仕事をする気にはならない」といった声が出ている（同12年4月20日）というから驚きだ。旧満州地域の生活水準は、よほど酷いのだろう。

脱北者はすでに三万人を超えているが、中央、地方の官庁に公務員として採用されている人はほとんどいない。

脱北者がまだ五千人に達していなかった時期のことだが、「朝鮮日報」（04年7月9日社説）はこう書いていた。

――「民族」や「自主」を煽る人間ほど脱北同胞を奇異な目で眺めるケースが多かった。

彼らは口を開けば北朝鮮同胞のことを言いながらも、いざ自分たちの側にやって来た脱北同胞に対しては冷たく、むしろ異端扱いしてきたのである。

就職は拒絶され、結婚も嫌がられ、学校では仲間はずれにされてきたせいか、脱北者たちは自分たちを「朝鮮族より下の三等国民」と自嘲《じちょう》している――。

従北派は概して脱北者を軽蔑している。従北派にとって北朝鮮は「理想の国」であり、脱北者とは「理想の国から来た裏切り者」なのだ。二〇一二年には民主党の従北派議員が、脱北者を「裏切り者」と面罵《めんば》する事件があった。

従北政権が誕生したら、脱北者にとっては、さらに住みづらい国になるだろう。

脱北者の累計が三万人に達するまで五十四年の歳月が流れた。韓国政府は「脱北者、三万人に」と派手に発表したが、同じ期間に韓国籍を捨てた韓国人は百十七万人に達する。

なかには「ソウルの外国人専用カジノを利用したいから」「息子をソウルの外国人学校に入れたいから」といった理由の大金持ちもいるだろうが、圧倒的多数は「ヘルコリア」(地獄の韓国)に愛想を尽かして移民していった人々だ。

嘘を書く日本の韓国案内書

一二年春の韓国総選挙では、与党セヌリ党の比例名簿に載った女性、李ジャスミンさんが当選した。フィリピンから嫁ぎ、韓国籍を取ったものの夫と死別、苦労して子供を育てた女性だ。

ところが、彼女の当選が決まった途端、ネットは「不法滞在が蔓延《はびこ》り、花嫁売買が増える」「韓国人の純粋な血を汚した女」といった下品な書き込みで溢れ返った。近年の韓国の国技とも言うべきネット攻撃だ。あまりの凄まじさに、ジャスミンさんは「国会議員当選者」でありながら一時、身を隠してしまった。

「電車のなかで、体を売りに来たのか、とからかわれた」「練炭《れんたん》みたいな野郎と言われた」……韓国の新聞を読んでいれば、被害者となった外国人労働者たちの話がしばしば載っている。そして、あたかも間歇泉《かんけつせん》のように「外国人差別をやめよう」といった模範的呼びかけの社説が載る。が、状況が改善されているとは思えない。

少なくとも二十世紀までの韓国人は、白人には弱かった。だが最近は、白人に対しても

「わが民族の優秀性」を根拠に、外人嫌悪症の牙を剝きだすようになった。

「白人の英語教師は母国で食い詰めた三流人間ばかりで、麻薬の運び屋を兼ねていたりする」といったネットへの書き込みを契機にした〝防衛ＮＰＯ〟の立ち上げは、その典型だ。

そのネット会員は一万人。実行メンバーは白人の英語教師を四六時中、尾行し、教師が家に帰ると、今度は家の前で「韓国から出ていけ」のシュプレヒコール（中央日報12年4月21日）。もう〝病気〟だ。

「韓国は儒教の国だから老人を大切にする」——日本で出版されている韓国案内書は、どこまで嘘を書き続けるのだろうか。

正直に書けば、「韓国では、お金のあるお年寄りは大変に優遇されます。しかし、お金のない老人は『汚い、あっちに行け』『お前らがうろつくと、この辺の不動産価格が下がる』などと罵《ののし》られます」ではないか。今日の韓国で老人は差別の対象だ。

一九九八年の世論調査では「両親の扶養義務は子供にある」との意見が八九・九％と圧倒的多数を占めていた。ところが二〇一四年には三一・七％まで急落した。

年金だけでは食べていけない。それで、老人の自殺率が高いのだ。十万人当たりの老人自殺率は一九九〇年には一四・三人で世界でも低いほうだった。しかし、二〇一〇年には八一・九人。自殺防止キャンペーンで一四年には五五・五人まで下落したが、それでも十一年連続してＯＥＣＤ加盟国のなかでトップだ。

自民族優越主義

身障者差別も甚《はなは》だしい。

「韓国伝統芸能」の一つに「病身舞《ピヨンシンチユム》」がある。これは、宴席でも余興として演じられる。身障者の真似を演じて、酔客みんなが笑い転げるのだ。

この国の大統領はかつて国連総会で、「世界はもっと道徳心を」と演説した。この国の首相は記者会見で、「日本はもっと人道主義を学べ」と述べた。

生まれた時からの国粋教育で、もう世界的平準レベルでの価値判断、事実判断ができなくなっているのだろう。「差別の王国」の価値体系で最上部にあるのは、自民族優越主義だ。その強さがナチスを上回っていることは間違いなしだ。

改めて、ウィキペディアで「国連人権委員会」を見た。こう書いてあった。

――日本政府を批判した国連人権委員会特別報告者のドゥドゥ・ディエン氏が実態調査

の為に来日した際にコーディネイトしたのはＮＧＯ団体「反差別国際運動」である。同団体代表理事の武者小路公秀《むしゃこうじきんひで》は北朝鮮のチュチェ思想を研究する「チュチェ思想国際研究所」においても理事を務めている――。ナルホド、である。

第10章　『千年恨　対馬島』の知的レベル

対馬島を征伐する小説

小さなものが、あっちこっちから弄《いじく》り回されているうちに次第に大きくなっていき、ついには爆発する——日本と韓国の間の争点は、こんな過程を辿るケースが多い。日本人からすれば荒唐無稽《こうとうむけい》な「対馬《つしま》領有権」問題は、次第に大きくなってきた段階だ。

慰安婦問題も、元慰安婦二人が日本で「郵便貯金を返せ」と訴えていた頃は、ほとんど世に知られない小さな話だった。二人はまさに合法的な職業だった商業売春婦として貯めた財産の返還を求めたのであり、「強制連行された」などとは言わなかった。

虚言癖の吉田清治という日本人が韓国のテレビに出演して「強制連行」を〝告白〟した時も、韓国人一般の反応は盛り上がらなかった。

彼の〝告白〟では、強制連行の舞台は済州島《チェジュド》だった。しかし、島の古老たちは「そんなことはなかった」「聞いたこともない話だ」と否定した。

戦時徴用賠償も、韓国人が韓国政府を訴えている時は、ほとんど問題にされなかった。

そうした問題が次第に巨大化し、いまや爆発状態にある。

「対馬領有権」問題は、二つの地方議会が奪還決議を採択した。そして、人気作家・李ウォンホ氏の『千年恨《センネンハン》　対馬島』と題するファンタジー小説がベストセラーになり、まさに「あっちこっちから弄り回されている」段階だ（韓国語では「対馬」を「対馬島」と表記する）。

二〇一三年四月八日の「文化日報」に、出版社代表の言葉から始まるコラムが載った。

「対馬島を征伐する内容の小説本を出す計画です。韓国と日本の歴史をよく知る作家に執筆を依頼しておきました」

「文化日報」は一流紙とはいえないが、同紙全国部長（日本の新聞社なら地方部長か）執筆のコラムは、日本語に翻訳すると一千三百字超、つまり百行を超える大コラムだ。

「韓日協定の締結以後、韓国政府は公式に対馬島返還論を取り上げずに沈黙している。当代韓国人の大部分が政府の沈黙を認めているように見える。故地回復論が外交摩擦をもたらし、韓日両国の平和を害しないことを望むためだ。

しかし、日本が独島《ドクト》（筆者注＝竹島）強占の野心に固執し、再武装して帝国主義の道に行くならば変わるだろう。わが政府が対馬島返還論にこれ以上、沈黙できない状況が来ることがありうる。右翼の妄動を対内外戦略に活用している日本政府と指導層は分からなければならない。韓国の民族史観は日本帝国主義の野心を食べて育つ」と、このコラムは結ばれている。

そして四月二十二日、これは一流紙である「東亜日報」が、長文の「筆者インタビュー」記事を掲載した。

安倍晋三首相も実名で

さらに五月二日、今度は「東亜」よりも発行部数が多い「中央日報」が、作家としての李ウォンホ氏と今回の作品の紹介記事を載せた。

その見出しは、「対馬は昔から韓国の領土、日本の千年侵奪史を忘れるべきでない──作家李ウォンホ氏」。

この鳴り物入りの登場の段取りは、新聞がそれぞれ独自の判断で決めた結果なのか。それとも、どこからか巧みな慫慂《しょうよう》があったのか。ともかく、韓国与党が願う「本格的イシュー化」が実現に向けて動き出したのだ。

韓国と日本が戦い、韓国が勝つファンタジー小説は、『最後の韓日戦』『ムクゲノ花ガ咲キマシタ』に続き三冊目だが、対馬を主舞台とするのは『千年恨　対馬島』が初めてだ。

主人公は、日本に帰化して自衛官になったものの昇進差別を受けて退役した男性と、北朝鮮の女スパイ。退役自衛官の先祖は三国時代（半島に新羅《しらぎ》、百済《くだら》、高句麗《こうくり》が鼎立《ていりつ》した時代）から対馬に住んでいたという設定だ。

主人公の曽祖父は関東大震災の時に虐殺されたとして、〝関東大虐殺事件〟の章も立てている。そこでは「関東に住んでいた三万人の朝鮮人のうち、震災後も生存を確認できたのは七千余人……軍のトラックが運び出した死体は発見できない」などと書いている。

朴槿惠、金正恩《キムジョンウン》、オバマ、安倍晋三……すべて実名で登場する。

韓国が竹島に上陸用強襲艦「独島」で特戦部隊を上陸させようとする。日本は防衛出動する。米国と中国は合意して、とりあえず見守る。

日本の攻撃に対して韓国が反撃。日本の艦隊の主力は対馬の浅茅湾《あそうわん》に待機していたが、観光客として対馬に潜入していた二千人の韓国特戦部隊が、至近距離から艦隊に携行型ミサイルを撃ち込む。北朝鮮も韓国との秘密合意を守り、日本の艦船にロドンミサイルを二発発射。特戦部隊が自衛隊の対馬基地、警察を攻撃して対馬を制圧したところで、米国が停戦を勧告する。

「二〇一四年八月七日午前一時五十二分　レーダーを凝視していた第三護衛艦隊の旗艦

『潮来』の情報将校、園田が報告した。緊張で声が震えていた。……」

「二〇一四年八月七日午前一時五十五分　浅茅湾に位置した旗艦『霧島』の艦橋内。状況スクリーンをもう一度、横目で睨《にら》んだ日本艦隊司令官、本田タサノスケが……」

戦闘場面に関しては、こんな書き方が大部分を占め、最後は、戦死した退役自衛官の子供を宿していた女スパイが、「千年の恨」を抱える対馬島に定住することを決意する。

安倍晋三はなす術《すべ》がない。オバマは停戦を呼びかけつつも、日本に冷笑的だ。そして日本の空母三隻を撃沈し、対馬島制圧に成功して勝ち誇る朴槿惠……韓国の政権与党のみならず、韓国人の大部分が大喜びする内容であることは間違いない。

韓国人と遺伝子が全く同じ

こうした筋書きのなかに、「対馬は韓国領である」との論拠が、登場人物の言葉や地の文章で随所に出てくる。その内容は、これまで韓国の政治家や反日歴史学者が語ってきたことの集大成だ。

韓国の議政府市議会が採択した対馬島奪還決議は、「対馬島は地理的、歴史的、科学的に見ても韓国の領土であることは明らか」とまで述べているが、「地理的」とは単に韓国から対馬島の距離のほうが、対馬島から九州より短いというだけのことだ。

この小説に付いているカラー印刷の地図には、釜山―対馬島北端の距離、そして、なぜか対馬島「南端」ではなく、北端―福岡市の距離が記入されている。

「科学的」とは、与党の最高委員だった許泰烈《ホテヨル》氏（その後、朴槿恵政権の大統領秘書室長）がかつて語ったB型肝炎遺伝子物質調査や血液型分布のことらしい。

小説では、対馬島の「土地っ子」は、韓国人と遺伝子が全く同じだとしている。はて、ミトコンドリアDNAは韓国人だって一様でないのに……。

小説では、日本の政府は遺伝子の件を知っているので、対馬島に差別的な政策をとってきていることになっている。そして、対馬にいる「愛国会」のメンバーは本土からの流入者だ。彼らは「生活保護で食っている輩《やから》」として出てきたかと思うと、金に飽《あ》かして良い土地を買い占め、漁業、食堂、土産品店《みやげ》を営み、「土地っ子」経済を圧迫している存在にもなる。まぁこの程度の矛盾は、韓国ではケンチャナヨだろうが……。

「歴史的」な根拠は、様々な箇所に、やはり登場人物の言葉や、地の文書でちりばめられている。

時代的に最も古い〝根拠〟は「三国時代から新羅に属していた」とだけで、いたって簡潔だ。

韓民族の島であり、支配者だった豪族の阿比留《あびる》氏は「百済系」にされてしまっている。宗《そう》氏が阿比留氏を滅ぼしたあとは、極悪の倭寇《わこう》が島に蔓延《はびこ》る。そこで高麗王朝、それに続く朝鮮李王朝は三度の対馬征伐を敢行する。

三度目の征伐（日本でいう「応永《おうえい》の外寇」）以降、対馬は李王朝の属領になる。ところが、李王朝が衰えた時を見計らって、日本は対馬島を厳原《いずはら》県として日本領土に編入、さらに長崎県に再編入し、そして対馬島の「土地っ子」に差別的政策を取りつつ今日に至る――というのだ。

韓国現役陸軍大佐の妄言

対馬については、独自に対馬島との関係史を調べ上げた結果、「対馬は韓国領」と確信し、講演活動をしている現役の陸軍大佐が地方紙に取り上げられ、話題になったことがある。そして「朝鮮日報」が、この大佐にインタビューした（12年9月30日）。

記者の最初の質問はこうだ。

「独島問題を解決するために、わざと対馬にこだわっているのか」

大佐はこう答えた。

「私は対馬が韓国の領土だという客観的証拠資料を前提に話している。日本は、こういった事実があるということを知っていて、対馬を隠すために、独島に必要以上に固執しているのかもしれない」

大佐の発想の仕方を心得ておくことは、韓国(人)を理解するうえで、大いに役立つと思う。

以下は、記者の質問だけ追っても、この時点での「韓国における対馬領有権論の位置」が解る。

「決定的な証拠資料とは何か」

「話が矛盾している。筆写本で対馬は全て日本領土になっていると、いま言ったばかりではないか」

「対馬が韓国領土と表示されていれば原本で、そうでないものは何らかの手が加えられたものと決め付けるのは、論理的とは思えないが」

「地図一つだけで多くのことを推測し過ぎているとは思わないか」

「対馬に対する領有権主張は本当に現実性があると思うか」

焦点になったのは、江戸時代の在野学者、林子平《はやししへい》の地理書・経世書『三国通覧図説』に付いている地図だ。

「対馬奪還決議」を採択

大佐は、『三国通覧図説』がフランス語に翻訳され、そこに付いている〝原本〟の地図では、対馬と朝鮮が同じ色で塗られていることを〝決定的な証拠資料〟と主張する。そして、米国のペリー提督が小笠原諸島の領有権を主張した時、江戸幕府は林子平のフランス語版の地図を見せてペリーを納得させたのだから、対馬に関しても証拠になると言っているのだ。

ところが、ペリーが小笠原諸島の領有権を要求したとの記録は日本にも米国にもないというのだから、お笑いだ。そもそも林子平の地図は、伊能忠敬《いのうただたか》が作成したような実測地図ではなく、日本では早い段階から「誤記が多い」と片付けられている。

大佐は、韓国の初代大統領である李承晩《イスンマン》が六十余回にわたり「奪還要求」したことも、〝根拠〟として挙げている。『千年恨　対馬島』でも、一つの〝根拠〟として李承晩の発言が出てくる。六十余年前の大統領の発言が、なぜ〝根拠〟になるのか——日本人には理解できまい。

私はここに、朝鮮民族の「事学主義」体質を見る。大に事《つか》える「事大主義」のように「学に事える」のだ。

簡単に言えば、博士、教授ら「頭のいい人」の権威に寄りかかるのだ。

件《くだん》の大佐はインタビューで、李承晩が「米国の大学で博士号を取った秀才」であることを延々と述べている。それほどの秀才が言っているのだから立派な〝根拠〟だというわけだ。

韓国の新聞がちょっと長めのストレート記事になると、必ずといってよいほど、最後に「○○大学の□□教授も……と述べている」と付けるのも、「事学主義」体質の表れだ。

○五年三月には馬山《マサン》市（現昌原《チャンウォン》市）議会が、そして一三年三月には議政府市議会が、それぞれ「対馬奪還決議」を採択した。

そうした動きは通信社の聯合ニュースが配信し、一流紙も掲載する。しかし、これまでは正面切って「対馬島は韓国領だ」と主張する論説は、韓国南部の地方紙やネット系メディア、あるいは宗教系の新聞にしか載らなかった。

なにしろ、一九八三年に作曲されてたちまち大流行した事実上の国策歌謡「独島はわが土地」ですら、後半部分の歌詞は「ハワイ島はアメリカの土地、対馬島は日本の土地、独島はわが土地」となっていたのだから（近年は対馬の部分を「対馬島はわからないが」にするなど、歌詞変更を重ねているらしい）。

そして、先の陸軍大佐も一流紙には冷やかされるだけだった。

で、役者交代か。人気作家の李ウォンホ氏は、一流紙のインタビュー記事という鳴り物入りの登場になった。

大部分の韓国人は、対馬島との関係史など、ほとんど知らない。人気作家が描いた痛快ファンタジー小説のなかにちりばめられた〝史実〟は、韓国人を覚醒させ、対馬島問題を爆発レベルに押し上げかねないのだ。

来日した韓国人が、対馬島問題で論争を仕掛けてくることも考えられる。何も答えられなかったら負けだ。ますます彼らは調子づく。

そうさせないために、最低限の半島―対馬島の関係史を述べておく。

この小説も、正史（王朝の命令により編纂《へんさん》された史書）である『朝鮮王朝実録』や、李王朝時代の地理書である『新増東国輿地《よち》勝覧』に「対馬島がわが領」であることが明確に記されていると述べている。

対馬の港を急襲

朝鮮の文献上、「対馬はそもそも朝鮮半島の国の領土なのだ」という主張が最初に現れるのは、李王朝が対馬に送った書簡だ。一四一八年前後のことと思われる。一四一九年に「応永の外寇」があった。韓国で言うところの「対馬島征伐」であり、「これ以降、対馬は改めて李王朝の支配に入った」とする主張がなされている。

「応永の外寇」とは、倭寇――いうならば海賊を兼ねた貿易商――に悩まされていた朝鮮の李王朝が、対馬のなかで倭寇の拠点となっていた一つの港を奇襲した事件だ。

この奇襲を前に李王朝が出した文章が「対馬島を征伐する書」であり、奇襲後に出した文章は「対馬島を諭《さと》す書」と呼ばれる。

どちらも同じような文面だ。

最初の文書は、対馬の倭寇に対する宣戦布告書に当たる。そこに、対馬の由来に関して「対馬はかつて、わが慶尚道《キヨンサンド》に属する島だったことは古籍に書いてあり、あまりにも明らかなことだ」と述べている。

しかし、この文書の書き出しは「王のたまわく」――つまり、「わが国王が言うには」であり、根拠になる古籍（古い書物）が何という題名なのかも書いていない。

遠征軍は、倭寇が中国方面に出払っている時を狙って、拠点としていた港町を焼き払い、残っていた老人、女子供を殺し、中国人を含む捕虜を取り戻した。

ところが、島のなかへの進撃に移ると、対馬の守護大名である宗氏の軍勢が反撃を開始する。宗氏の兵力は六百騎ほどだったが、急な山道での伏兵による奇襲を受け、朝鮮軍はとりあえず港に撤収した。そこで宗氏は、「所期の目的は達成したのだろうから、もう帰れ。間もなく台風が来るぞ」という趣旨の書簡を送る。

宗氏としては、地の利があるとはいえ、二十倍はゆうにいる朝鮮軍と長期戦になっては敗色が濃くなる。朝鮮軍としては、「倭寇の拠点は潰した」という国王向けの大義名分がある。そして、宗氏の奇襲戦術で受けた損傷が大きかったのだろう。この書簡を受けると、朝鮮軍は直ちに引き揚げてしまった。つまり、対馬を占領した事実もないのだ。

笑止千万な歴史的根拠

応永の外寇の翌年には、「対馬の守護大名の使い」と称する正体不明の人物が李王朝を訪問して、「対馬を李王朝の領土の一部にしてもらっていいから、貿易を再開しましょう」と提案して李王朝を大いに喜ばす。

ところが、ほどなく対馬の宗氏の正式な使者が李王朝を訪問する。

彼は、「対馬が慶尚道に属していたなどと書いてある書籍はどこにもない。妄言に過ぎない」と指摘する。朝鮮王朝の大臣が、「前に来た使者は、対馬を李王朝の領土の一部にしてもらっていいと言った」と告げた。すると、正式な使者は「そんな輩が何を言おうと対馬とは関係ない」と突っぱねて、こう言う。

「対馬は辺境にあるとはいえ日本国である。その対馬を攻めることは日本国を攻めることだ」

つまり、「お前ら、日本（全体）を相手に戦争する気があるんだな」と脅したわけだ。

朝鮮側はびっくりして、もう日本側には「対馬は慶尚道に属していた」とは言わなくなった。

この正式な使者と朝鮮の大臣とのやりとりは対馬側の史料にはなく、『朝鮮王朝実録』に記されていることだ。

朝鮮側は対馬に向かっては「対馬はそもそも新羅に属した」とは言わなくなったが、そのあとに編纂された地理に関する公式書籍などには、王の言葉の引用を続ける。それが後世、様々な本に孫引きされて今日に至っている。

結局、彼らが語る歴史的根拠とは「王のたまわく……」であり、その具体的内容は書名も明らかでない「古籍に書いてあり……」に尽きるのだ。

しかも『朝鮮王朝実録』そのものに、「日本国対馬島」という表現が何と五十六カ所も出てくるのだから、笑止千万だ。

李ウォンホ氏は「東亜日報」とのインタビューで、件の小説について「ファクト三、フィクション七」と言い、さらにこう述べている。

「神社が対馬に二十九あるが、すべて朝鮮半島に向けて建てられています。やっぱり対馬が私たちの地という証拠です。日帝は対馬から韓国の痕跡を消したが、神社までなくすことはできなかった」

二十九とは「延喜式《えんぎしき》」に記載された神社の数だろうが、対馬の神社はその何倍もある。そして立地に合わせて、思い思いの方向に社を構えている。

李ウォンホ氏とは小説のなかだけではなく、新聞社のインタビューに対してもフィクションを語る人物のようだ。

第11章 韓国各紙は「朝日全面擁護」

朝日新聞に入れ込む韓国

「善意の第三者を騙す」、そして「反省するよりは報復を企図《きと》する」――二〇一四年八月五日の、朝日新聞の慰安婦検証記事に対する韓国紙の報道は、しばしば指摘される彼《か》の国民性そのままの展開だった。

「報復」とは、〝身内の朝日新聞〟が日本の右翼勢力に苛《いじ》められているからこちらは産経新聞を苛めてやれ、といった思惑だ。韓国の検察当局が産経新聞ソウル支局長に出頭命令を出したあと、韓国の新聞は当局に加担するばかりだ。

彼らが「言論の自由」「報道の自由」という価値観を持っているとは、とても思えない。

朝日が検証記事を掲載した翌日、韓国で発行部数一位の朝鮮日報（14年8月6日）は、「慰安婦：朝日新聞が安倍首相に反撃『強制連行の証拠多い』問題の直視訴え」という見出しで、日本を揺るがした動きを伝えた。中見出しは「安倍との10年戦争、朝日の反撃」。

記事本文はこんな具合だ。

――朝日新聞は……特集記事を掲載し、慰安婦の強制動員を否定する安倍晋三首相と極右勢力を批判した。

——安倍首相と産経新聞など極右メディアは……「慰安婦＝朝日新聞による捏造《ねつぞう》」という説を公然と主張している。

——朝日新聞は一九八〇年代から九〇年代にかけての報道で、「慰安婦」と「挺身隊」という用語を区別せずに用い、証拠が裏付けられない証言を報じたことについては反省した。しかし、朝日は一部の誤りによって慰安婦問題全てを否定することができないとした。

——朝日による今回の記事は「慰安婦の強制動員はなかった」という信念を持つ安倍首相に対する直撃弾だ。

「吉田清治」の名前は全く出てこない。吉田証言関連記事の取り消しには触れないまま、「強制動員はなかった」という見解を、相変わらず「誤った認識」扱いしているのだ。

そういえば、朝鮮日報は一二年九月九日、「『慰安婦狩り』を告白した日本人」という見出しの編集幹部による署名コラムで、吉田清治の著作『朝鮮人慰安婦と日本人』を絶賛したことがあった。

一二年九月といえば、日本では「吉田清治＝嘘つき・詐欺師」の認識がもう不動の評価になっていた時期だが、韓国紙の東京特派員はそうした流れを伝えないままできた。

だから、という事情もあろうが、韓国で発行部数一位を誇る新聞の編集幹部は「この一冊だけでも、当時の日本による慰安婦強制連行は十分立証されている」「日本政府の関係者はこの本をしっかり読んでもらいたい」と、噴飯《ふんぱん》ものの〝情弱ぶり〟を示したのだ。

朝鮮日報としては〝梯子《はしご》を外された〟と怒っても当たり前なのだが、現実は後述するとおり、ますます朝日新聞に入れ込んでいるのだから面白い。

「反日」に挺身する韓国記者

発行部数二位の中央日報の見出しは、「『慰安婦振り返ってこそ未来に進む』朝日新聞、右翼に反撃」だ。

朝日が吉田証言を偽りだったと判断したことには触れているが、「慰安婦関連報道の先駆者的な役割をしてきた朝日新聞はこの日、過去の一部記事の誤りについては率直に認めながらも『慰安婦として自由を剝奪《はくだつ》されて女性としての尊厳を踏みにじられたことが問題の本質』とし、日本国内の保守勢力の『責任否定論』に警告した」とする。

朝鮮日報、中央日報両紙の見出しでも分かるように、韓国の新聞は韓国にとって好ましくない事実を報道する日本のメディアに、非難の意味を込めて「極右」「右翼」のレッテルを貼る。

この背景には、記者に限らず韓国の知識層全般が「左＝進歩的＝正しい、右＝保守的＝悪い」とするマルクス主義的世界観で染まり切っている事情がある。それは韓国の教育界が、日本の日教組とは比べ物にならないほど過激で強力な左翼である全教組（全国教職員労働組合）に握られているためだ。全教組教育の優等生が新聞記者になるのだ。

日教組教育の優等生が高級官僚や新聞記者になった日本と基本事情は似ている。だから日本の自民党にも、マルクス主義的世界観で染まった長老たちがいるではないか。彼らは、自分の日頃の保守的言動を「悪いこと」と思い悩んでいるので、時に「しんぶん赤旗」のインタビューなどに応じると心晴れ晴れなのではあるまいか。

朝鮮日報も中央日報も、韓国では「保守派のマスコミ」と分類されている。「悪である保守派の新聞」にいる記者たちは、全教組が教えてくれた「もう一つの良き価値」である「反日」に挺身することで、心が洗われた気になるのかもしれない。

朝日新聞とは、「左＝進歩的＝正しい」とする〝時代遅れの信仰〟で凝り固まったような集団だからこそ、本質左翼である韓国のマスコミは「日本の良心＝朝日新聞」と称え、その記事に無謬性《むびゅうせい》を信じるのだ。

ハンギョレ新聞（14年8月14日）がちょうど、韓国の現役記者を対象にしたアンケート調査「最も信頼できるメディア」の結果を報じていた。

一位・ハンギョレ新聞二三・四％、二位・KBS一一・九％、三位・京郷新聞一〇・〇％……と明らかな左翼マスコミが上位を占め、朝鮮日報は八位で一・九％、中央日報は九位で一・五％。韓国の新聞記者とは、保守系紙の記者も含めて圧倒的に左翼マスコミを信頼している集団なのだ。

韓国各紙に共通する認識

最大の通信社である聯合ニュース（14年8月5日）は、「朝日新聞、沈黙を破って軍慰安婦特集…本質直視しよう」の見出しだった。「執拗《しつよう》に攻撃された吉田関連記事に対してエラーを公式に認めた」とするとともに、「それを理由として『慰安婦問題は捏造』という主張や『慰安婦被害者に謝る理由がない』という論議には決して同意することができないと念を押した」と報じた。

韓国経済新聞、京郷新聞、韓国日報、ソウル新聞、文化日報などが聯合の配信記事を使用した。

左翼紙のハンギョレ新聞は、「朝日新聞、慰安婦問題の本質は人間尊厳性の剝奪　『本人意思に反する強制性あった』と強調　日・右翼勢力に『本質直視を』と警鐘《けいしょう》」の三本見出しで報じた。

韓国の新聞は、とりわけ見出しが重要だ。「パリパリ（早く早く）文化」の国であるとともに、ＯＥＣＤ（経済協力開発機構）の調査などによると実質識字率《しきじりつ》が低いからだ。実質識字率とは、「読んだ文章の内容を理解できる比率」だ。分かりやすい見出しだけ読んで終わりの人が多いと推定できるのだ。

韓国各紙に共通する認識は――日本の極右・右翼の攻撃を受けていた朝日新聞がついに反撃を開始した。そのなかでは吉田証言に関する記事を取り消すなど反省点も挙げているから立派であり、慰安婦問題の本質は何ら変わらないと強調している、ということになろうか。

そもそも韓国の新聞が伝えるところ、日本で悪いのは「安倍一派と右翼マスコミ」であり、他の大部分の日本人は、「日本の良心・朝日新聞」を支持する良い人々という構図が続いてきている。

だから、朝日新聞が「沈黙を破って」「右翼に反撃」「安倍首相への直撃弾」……こんな見出しや記事だけを読んでいたら、日本では朝日新聞がついに右派・右翼に反転大攻勢をかけ始めたと思い込む韓国人が多くても不思議はない。

いや、韓国のマスコミは本当にそう期待していたのかもしれない。

ところが、日本の現実は違う。

「安倍首相への直撃弾」と報じた朝鮮日報は八月七日になると、「慰安婦：自民党・一部メディアは一斉に『朝日たたき』」との見出しを立てた。

――「(産経新聞は)根拠なく作文された河野洋平官房長官談話などにおける、慰安婦が強制連行されたとの主張の根幹は、もはや崩れた」というこじつけ的な主張を繰り広げた。読売新聞も「これ(朝日新聞の吉田氏発言報道)が韓国の反日世論をあおっただけでなく、日本について誤った認識が、世界に広がる根拠の一つとなった」と主張した。

中央日報(14年8月8日)は、「産経・読売、今度は韓国メディアを攻撃」との見出しだった。

――保守指向の産経・読売新聞が、七日の朝日新聞の慰安婦特集を扱った韓国メディアの報道を非難した。産経は「擁護」、読売は「追随（批判なく他人の後に従う）」という表現を使いながら韓国メディアが朝日に肩入れしたと主張した。

——朝日が一部の過去記事の誤りを認めたことを口実に、慰安婦問題の本質をひっくり返そうとするような論調だ。

「追随」に丸括弧で意味解説を加えているあたり、いかにも〝漢字を捨てた国〟の新聞らしいが、朝日が誤りを認めた過去記事とは「一部の」ではなく、「核心部分の」ではないか。「核心部分」とは分かってはいるが、善意の読者に向かっては「一部の」と言いくるめる。そうしなければ、「慰安婦問題の本質は変わらない」という立場を守り切れない。いや、これは朝日と同じ論法だ。

韓国にはそもそも、「強制連行された」という主張はなかった。吉田証言と朝日新聞の組み合わせがあってから、「強制連行された」という被害者が次々と現れた。

根源は朝日新聞なのだが、朝日が吉田証言関連記事を取り消したあとも、韓国紙は「強制連行された慰安婦」という大枠を崩していない。

「仲間である朝日を助けろ」

朝鮮日報（8月9日）に前東京特派員（現国際部長）が書いたコラム「朝日新聞の孤立」は、韓国の知識層が抱く朝日新聞への思いを知るうえで、とても参考になる。

――他紙とは違い、朝日新聞は（犯罪）容疑者の韓国名を書かない。代わりに、在日韓国人が日本で使用している日本名「通名」を記載する。言葉一つとっても在日韓国人に対する偏見を助長したくないということだ。

――新聞販売に不利なことを知りながら民族主義を排撃して国際主義を尊重し、読者の心中が穏やかでなくなると知りながら過去の反省を求め、タブーを破壊するのだ。それでも、朝日新聞は日本の百年にわたるマスコミの歴史で「二大紙」の地位から転落したことがない。日本の知識社会が深く、裾野《すその》が広いことを証明している。

――朝日はいくつかの誤報を公にして訂正したうえで、「慰安婦の強制動員はなかった」という日本社会で主流をなす主張を再度批判した。だが、日本社会では「朝日が間違いを認めた」と攻撃が相次いでおり、日本政府までこれに加勢している。

――旧日本軍の従軍慰安婦をめぐる朝日新聞の闘いは二十年以上になる。加害者の国の新聞が常に被害者側に立って闘ってきたのだから孤立し、疲れが見えてきた。これを知恵を持って助ける方法が韓国政府にはあるはずだ。

あれあれ、威勢よく「安倍首相に直撃弾」を浴びせていたはずの朝日新聞が、僅《わず》か二日で「孤立し、疲れが見えてきた」存在に変わってしまった。

それはともかく、この記事は韓国政府に対して〝闘いの仲間である朝日新聞を助けろ〟と露骨に要望している。この記者は、マスコミと（外国）政府の関係はどう在るべきと認識しているのだろうか。

政府に取材制限を要求

韓国の検察当局が、民族派団体の告発を受ける形で産経新聞ソウル支局長に出頭を命じたのは一四年八月九日のことだ。検察の動きは、実は大統領府の意向を受けたものだが、韓国の保守系新聞がそのムードづくりに大汗をかいた。

韓国の検察が問題とする産経新聞ソウル支局長の記事（8月3日産経ウェブ「朴槿恵大統

領が旅客船沈没当日、行方不明に…誰と会っていた?」）の該当部分は、大部分が朝鮮日報の有料ウェブに載った記事の引用だ。

それなのに、韓国の検察当局は「朝鮮日報は問題なし」としている。朝鮮日報としては、大統領府と検察に向けて〝良い子〟であることを示さなくてはならないのかもしれない。それで、だろうか。同紙（8月9日）は「産経新聞、連日、韓国と朴大統領を侮辱する『挑発報道』」とする東京特派員の原稿も掲載した。

――韓国企業についても「〝チャイナパニック〟に喘《あえ》ぐサムスン」「長引く権力空白〝サムスン王朝〟の機能不全」「『現代自《ヒヨンデ》』燃費偽装・雨漏りで自滅の予兆」「米国人が『NO』と敬遠し始めた韓国・現代自動車」などの記事で韓国を中傷している。

どこが中傷なのか、韓国の財閥首脳だって失笑するに違いない。

東亜日報（8月11日）も、「産経新聞の韓国冒瀆《ぼうとく》は度を越えた」との社説を掲げ、「産経新聞のような低劣な新聞を日本の他のメディアと同等に扱うことはできない。政府も取材制限など適切な措置を講じなければならない」と述べた。「低劣」かどうかの判断は主観の問題だが、「取材制限」を新聞社が政府に求めるとは呆れるばかりではないか。

おわりに

「朴槿恵糾弾」の韓国型公憤は衰えない。その一方で、左翼・民主党の大統領候補である文在寅氏の支持率は上がっている。

彼が、盧武鉉政権の大統領府秘書室長だった時、国連で北朝鮮人権決議が議題に上った。その時、韓国は彼の提案で北朝鮮に「どうしたらいいか」と〝お伺い〟を立てて、棄権票を投じた。その事実が、当時の外相の回顧録で明るみに出た時、朴槿恵―崔順実スキャンダルが一挙に噴き出した。北への〝お伺い〟スキャンダルは消えてしまった。

朴槿恵―崔順実スキャンダルのほうは、崔順実氏が取り仕切った二つの財団に寄付をした財閥が「共犯」に位置付けられ、特別検察官チームに甚振《いたぶ》られ続けている。

特別検察官チームは功名心が先立ち、公憤を煽るリークを続け、まるで〝人民検察〟のように振る舞っている。主たる標的はサムスン、SK、ロッテの三財閥だ。

特別検察官のやり方に、目立った批判が出ないのは、朴槿恵―崔順実スキャンダルとは離れて、韓国の財閥は悪いことばかりしてきているからだ。

こうした中でも変わらないのは「反日教」だ。

日韓慰安婦合意は、ソウルの日本大使館前に建てられた慰安婦像について、韓国政府が撤去に向けて「努力」するとしている。しかし、韓国の政府は何らの「努力」もしないまま、新たに釜山の日本総領事館の前に慰安婦像が建てられることを座視した。

だからこそ、「法治国家」である日本の政府は怒って、大使に一時帰国を命じ、通貨スワップ交渉の中断を通知した。

驚くべきは、この紛糾の真っただ中に、韓国・京畿道の道議会が竹島（独島）に慰安婦像を建てるための募金運動を開始し、慶尚北道の知事が上陸する暴挙に出たことだ。慰安婦問題と領土問題を結びつけた新たな紛糾の材料を、韓国人自身が準備して、それに着火したのだ。

岸田文雄外相が、その動きに関する質問に対して「竹島は日本の領土だ」「（京畿道議会の動きは）認められない」と答えたのは、当然のことだ。

が、韓国では、自分たちが着火した経緯を素っ飛ばして、「岸田がわざわざ記者会見を開いて韓国を挑発した」といわんばかりの報道になる。

それで国民は「日本はけしからん」と叫ぶ。その雰囲気に悪乗りして、政治家は「日本よ、興奮するな」「岸田は歴史を勉強し直せ」と、上から目線で説教を垂れる。

韓国の国民は、ますます「不埒《ふらち》な日本」(この件に関する韓国紙「ヘラルド経済」の見出し)を実感して怒る。本当に「盲《めし》たる民、世に踊る」姿ではないか。

釜山市東区は日本総領事館前の慰安婦像を「守る」ことを決めた。それを伝える聯合ニュース(17年1月19日)の記事に画像が付いていた。

東区の区長が慰安婦像の前に立ち、目を閉じて頭を下げているのだ。これぞ、慰安婦像を本尊とする「反日教」信者の姿だ。

米韓軍事同盟を基軸とする国防、輸出依存率が極度に高い経済……国の大枠が崩れようとしているのに、「反日教」はますます盛んなのだ。

こんな国と、どう付き合えばいいのだろうか。

日教組は「隣の国とは仲良くすべきだ」と教えてきた。日教組の最盛期に学んだ団塊の世代(私もその世代だが)は「大学入試に受かるためには、朝日新聞の社説や天声人語をしっかり読め」と、とんでもない偏向教育を受けてきた。同じ世代と話すと、この偏向教育の被害者、つまり日教組教育の呪縛から抜け出せないでいる人が実に多い。

しかし、日教組がどう画策しようと、日本には様々な雑誌があり、テレビはそれなりにバラエティーに富む番組構成をしていた。

一方、韓国には親日の雑誌はない。テレビ局は「親日色を排す」る厳しい自主規制をしている。親日的な発言をした教師や教授は吊るし上げに遭う。学術研究の結果として、「反日教」の教義と異なる見解を出すと、『帝国の慰安婦』の著者のように懲役三年の求刑を食らう。まさに魔女狩りの宗教裁判だ。

そんな「反日」の環境が七十年以上も続いてきた。韓国が仮に反日教育を止めるとして、それから百年ぐらい経たないと、胸襟《きょうきん》を開いた話し合いはできないだろう。

それまでは、できるだけ付き合わないことが一番だ。

同時に、《滅公奉私》や《外華内貧》の思考、あるいはコネと賄賂ですべてを解決しようとする韓国型行動様式が、日本に広まることを断固として阻止しなければならない。

そんな思いを込めて、この本をまとめた。

二〇一七年一月

室谷克実

【著者略歴】
室谷克実（むろたに・かつみ）

1949（昭和24）年、東京都生まれ。評論家。慶應義塾大学法学部を卒業後、時事通信社入社。政治部記者、ソウル特派員、宇都宮支局長、「時事解説」編集長などを歴任。2009年に定年退社し、評論活動に入る。著書に『呆韓論』『ディス・イズ・コリア　韓国船沈没考』（産経新聞出版）、『悪韓論』『日韓がタブーにする半島の歴史』『韓国は裏切る』（新潮新書）ほか多数。

崩韓論

2017年2月13日　第1刷発行

著　　者　室谷克実
発 行 者　土井尚道
発 行 所　株式会社　飛鳥新社
〒101-0003　東京都千代田区一ツ橋2-4-3　光文恒産ビル
電話　03-3263-7770（営業）　03-3263-7773（編集）
http://www.asukashinsha.co.jp
装　　幀　芦澤泰偉
印刷・製本　中央精版印刷株式会社

ISBN 978-4-86410-546-0

編集担当　工藤博海